Françoise Hauser
In 80 Fettnäpfchen um die Welt

PIPER

Zu diesem Buch

Beim Essen die Stäbchen senkrecht in den Reis gesteckt? Für Chinesen ruft man damit quasi den Tod an den Tisch! In Schweden in aller Öffentlichkeit ein Taschentuch gezückt – das empfindet man dort in etwa so eklig wie das asiatische Spuckverhalten. Egal ob es um die richtigen Tischmanieren oder die angemessene Kleiderwahl, um die passende Mimik und Gestik oder sonstige zwischenmenschliche Fallstricke geht: Die Möglichkeiten, sich auf Reisen so richtig zu blamieren, sind vielfältig, und selbst wer meint, sich gut aufs Zielland vorbereitet zu haben, ist vor Benimm-Ausrutschern nicht gefeit. Dabei kann der Besuch einer ausländischen Toilette genauso zur Blamage werden wie das Bad im japanischen Onsen – und verscherzt man es sich mit den Göttern und Geistern, kann das ebenfalls ganz schön ins Auge gehen.

Die größten Fettnäpfchen aus aller Welt und wie man sie vermeidet – ein Buch, das in keinem Reisegepäck fehlen sollte.

Françoise Hauser, geboren 1967, hat in Erlangen, Nanjing/China und Tainan/Taiwan Sinologie studiert. Sie schreibt als Journalistin mit Reise- und Asien-Schwerpunkt für zahlreiche Magazine und Zeitungen und ist als Buchautorin sowie Trainerin für interkulturelle Themen tätig.

Françoise Hauser

IN 80 FETTNÄPFCHEN UM DIE WELT

Womit man sich im Ausland so richtig blamiert

Piper München Zürich

Mehr über unsere Autoren und Bücher:
www.piper.de

MIX
Papier aus verantwortungsvollen Quellen
FSC® C014496
FSC
www.fsc.org

Originalausgabe
April 2014

Dieses Werk wurde vermittelt durch Aenne Glienke/
Agentur für Autoren und Verlage, www.AenneGlienkeAgentur.de
Umschlaggestaltung: Birgit Kohlhaas, Egling
Umschlagabbildung: Vario Images (Vorderseite),
shutterstock (Rückseite)
Fotos Innenteil: Françoise Hauser
Satz: Uhl + Massopust, Aalen
Gesetzt aus der Giovanni
Papier: Munken Print von Arctic Paper Munkedals AB, Schweden
Druck und Bindung: GGP Media GmbH, Pößneck
Printed in Germany ISBN 978-3-492-30368-2

Inhalt

Fettnäpfchen: Wo sie herkommen und wie man sie zielsicher ansteuert

Wer sich jemals in China bei Tisch geschnäuzt, in Indien die linke Hand zur Begrüßung ausgestreckt oder in den USA einen richtig dreckigen Witz erzählt hat, der weiß: Interkulturelle Begegnungen haben viel mit der letzten Fahrt der Titanic gemeinsam. Wartet man mit den Kurskorrekturen, bis die Spitze des Eisbergs sichtbar ist, hat man sich längst an dessen unsichtbaren Unterwasserausläufern den Rumpf aufgeschlitzt. Und mal ehrlich: Jeder, der bereits im Ausland unterwegs war, hat wohl schon mal die heiße Erkenntnis verspürt, gerade kapital einen versenkt zu haben. Wenn sich eben noch herzlich nette Menschen scheinbar grundlos zurückziehen, die neuen und wirklich freundlichen Bekannten auf einmal einen angeekelten Gesichtsausdruck bekommen, wenn der Kellner schlagartig unhöflich wird oder die potenziellen Geschäftspartner keinerlei Willen mehr zum Vertragsabschluss zeigen – dann hat man sich wohl ungewollt kolossal danebenbenommen.

Alternativ ist es auch ein unglaublich peinliches Erlebnis, anderen beim zielsicheren Endspurt aufs Fettnäpfchen zuzusehen: Der wird doch nicht wirklich in China einen Schlitzaugenwitz erzählen? Hat der jetzt allen Ernstes den Amerikaner zwischen Vorsuppe und Hauptspeise in die Nacktsauna eingeladen? Es schmerzt, anderen dabei zuzuschauen, wie sie in Korea nach einem üppigen Mahl penibel getrennt die

Rechnung begleichen, in Dubai Luftküsschen an die weiblichen Angestellten verteilen oder in Italien an der Rezeption mal so richtig dozieren, wie sich aus dem Saftladen noch ein ordentliches Hotel machen ließe.

Die Möglichkeiten, sich im Ausland zu blamieren, sind vielfältig, und selbst wer meint, sich vor der Reise gut auf die Besonderheiten des Ziellandes vorbereitet zu haben, ist vor peinlichen Benimm-Ausrutschern nicht gefeit. Doch warum eigentlich? Können wir uns nicht einfach die Grundlagen einer anderen Kultur aneignen und damit solcherlei Fehltritte von vornherein verhindern? Denn dass Kulturen unterschiedlich sind und in anderen Ländern auch andere Regeln gelten, wissen wir schließlich alle.

Kultur! Kultur?

Doch was bedeutet Kultur in diesem Zusammenhang? Ab wann befindet man sich in einer anderen Kultur und wo genau liegen ihre Grenzen?

An diesem Begriff arbeiten sich seit vielen Jahrzehnten Sozialwissenschaftler, Anthropologen, Kulturwissenschaftler, Psychologen und wer nicht noch alles ab, sodass es eine Vielfalt von verschraubten Definitionen gibt. Tatsache ist aber: So ganz genau lässt sich eine Kultur nicht abgrenzen – weder gefühlt noch wissenschaftlich. Es geht schon damit los, dass sich jede Kultur in Unterkulturen spaltet, und das nicht zu knapp. Vergleichen Sie doch mal das korrekte Begrüßungsritual unter bayrischen Stammtischmitgliedern mit dem einer Gruppe Berliner Punker. Auch das unterschichtige Offenbacher »Wos ged, Alder« lässt die Passanten nur wenige Straßenzüge weiter im Frankfurter Speckgürtel die Augenbrauen nach oben ziehen. Wissenschaftler differenzieren daher gerne nach Alter, Geschlecht, Einkommen, Herkunft und vielen anderen Kriterien. Im Alltag ist das allerdings weniger praktikabel. De facto würde das bedeuten, immer erst nach Ausbildung und Kontostand fragen zu müssen, bevor man sich die Hände reicht (oder eben nicht).

Nicht minder schwierig ist die Frage: Wo liegen die Grenzen zwischen individuellen Marotten und der gemeinsamen Kultur? Und vor allem: Woran erkennt man sie? Je fremder die Kultur, desto eher tappt der Fremde in die Kulturfalle und schreibt alles Ungewohnte und Unverständliche, jede skurrile Verhaltensweise der lokalen Kultur zu: So geht das hier also! Wer zu schnelle Rückschlüsse zieht, schlürft in Frankreich fortan die Suppe, nur weil er beim ersten Restaurantbesuch in Paris neben einem Rüpel gesessen hat, oder er liegt regional richtig, aber sozial total daneben: Wer die komplizierten Handschlag-Rituale der Gangs von New York beherrscht, ist auf einer Professoren-Party in Harvard ja nicht zwingend im Vorteil.

Doch zurück zur Frage: Wo also beginnt eine fremde Kultur? Grenzen sind bei der Suche nach der Antwort nur eine unzuverlässige Orientierungshilfe. Gehört die Frittenbude hinter der belgischen Grenze schon zu einer anderen Kultur? Der Mann an der Fritteuse spricht zwar hervorragend deutsch, allerdings mit Eupener Akzent, außerdem besitzt er einen belgischen Pass und eine Vorliebe für Kirschbier hat er auch. Welche Regeln gelten denn nun im Umgang mit ihm? Und wie verhält man sich korrekt gegenüber Menschen, die viele Jahre in einer anderen Kultur verbracht haben oder deren Eltern aus einem anderen Land stammen?

Kurzum, Definitionen von Kultur und Kulturräumen mögen wissenschaftlich hochinteressant sein, von praktischem Nutzen für unterwegs sind sie eher nicht. Am besten hält man es im Ausland mit der Regel: Wenn es sich anders anfühlt und anders aussieht, dann ist es wohl so. Und falls dies nicht zutrifft: Es ist trotzdem alles anders, nur merken Sie es dann erst später.

Feste Regeln, bitte

Ein bisschen Hoffnung gibt es dennoch, quasi eine Benimm-Krücke, mit der man Aufenthalte in fremden Ländern passabel bewältigen kann. Die sogenannten *Kulturstandards*. Dabei handelt es sich um die zentralen Regeln und Normen einer Kultur, die vorgeben, welches Verhalten als normal, annehmbar oder völlig daneben gilt. Die gute Botschaft ist: Man kann sie lernen, zumindest die wichtigsten, und mit ein wenig Übung gelingt es vielleicht sogar, sie aktiv und passiv zu beherrschen. Die schlechte Botschaft ist: Man kann sie nicht ohne Weiteres erkennen. Die meisten Menschen wissen noch nicht einmal so ganz genau, welches ihre eigenen Kulturstandards sind, schließlich hält man diese Verhaltensweisen einfach für »normal«: Öffnet ein Mann in Deutschland einer Frau die Tür, dann ist das höflich, in Australien jedoch Anzeichen einer steinzeitlichen Haltung in Sachen Gleichberechtigung. Auch innerhalb Deutschlands findet man solche Unterschiede: Sparen und aufs Geld achten ist normal, finden die meisten Schwaben. Selbstverständlich gibt man dort die Flasche Sonnenblumenöl für 39 Cent oder die Flasche Cola, die man sich vom Nachbarn geliehen hat, auch wieder zurück – schon weil Pfand dafür anfällt! Die meisten Schwaben kämen gar nicht auf den Gedanken, dass sich diese Haltung im Ruhrpott als Geiz manifestieren könnte.

Diese nie hinterfragte Normalität, die vor dem Hintergrund einer anderen Kultur ihre Bedeutung verändert, treibt wahrscheinlich mehr Besucher (und ihre Gastgeber) in den Wahnsinn, als die sichtbaren kulturellen Unterschiede.

Der Vorteil der Kulturstandards ist, dass man nicht immer wieder von Neuem darüber nachdenken muss, wie man in dieser oder jener Situation passend reagiert. Wie wichtig diese Standards sind, stellt man erst in Situationen fest, in denen es keine festen Verhaltens-Vorlagen gibt. Denn wie verhält man sich korrekt nach einem aus dem Alkohol geborenen One-Night-Stand? Wie reagiert man richtig, wenn man feststellt, dass der neue Chef just jener Typ ist, den man am Abend zuvor in der Kneipe angeblafft hat? Oder, ganz schlicht und einfach, welche Begrüßung ist angemessen, wenn man demselben Mitarbeiter zum dritten Mal am gleichen Vormittag im Büro-Flur begegnet? Solche Situationen riechen förmlich nach Blamagen und sind Steilvorlagen für Fettnäpfchen, für die es noch nicht einmal interkulturelle Spannungen braucht, um sie gesellschaftlich in eine hochexplosive Handgranate zu verwandeln.

Im Ausland erweitert sich das Repertoire an Peinlichkeiten und Fauxpas naturgemäß noch um ein Vielfaches. Schaut man jedoch genauer hin, zeigt sich, dass gewisse Arten von Fettnäpfchen ganz besonders beliebt sind:

Der Regelverstoß

Visitenkarten werden in Fernost mit zwei Händen übergeben und angenommen. Diese Regel wird in einer klar definierten Situation angewandt und hat erst einmal keine ideologische Bedeutung. Oder anders gesagt: Man bricht sich keinen ab und muss auch keine persönlichen Gewissenskonflikte bewältigen, um sie zu befolgen.

Wenn es um solche einfachen Regeln geht, zeigt sich schlicht, wer beim Hinflug die Zeit zur Lektüre eines interkulturellen Führers genutzt und wer lieber alle Blockbuster des Inflight-Entertainments durchgeklickt hat. Weil man diese Regeln so schön auswendig lernen kann, sind sie bei interkulturellen Seminaren sehr beliebt. Außerdem ist es doch ein beruhigendes Gefühl, wenigstens einen kleinen Teil des Aufenthalts ohne soziale Unfälle bewältigen zu können. Auch die Menschen im Ausland wissen diese kleine Geste zu schätzen. Vor allem, wenn man danach nur noch von einem Fettnapf zum nächsten trottelt.

Die Ekelfalle

Gegrillte Meerschweinchen, Kakerlaken am Spieß, Schildkröten in der Suppe oder Katzenragout: Die Welt ist voller Spezialitäten, die man zu Hause nicht mal dem Hund vorsetzen würde. Leider gebietet es die Höflichkeit in den meisten Kulturen, dass man sie sich trotzdem mit viel Lob und geheuchelter Anerkennung einverleibt: »Richtig lecker, dieses Flughund-Ragout!« Sind die Zutaten an sich wenig erschreckend, lässt sich über Lagerung und Zubereitung noch allerhand wettmachen: 14 ungekühlte Stunden auf einem tropischen Dritte-Welt-Markt gehen auch am leckersten Steak nicht unbemerkt vorüber. Neben diesen kulinarischen Fallen gibt es noch eine körperliche Variante, denn auch um die Körperhygiene ist es in Kulturen mit extremen Wetterlagen nicht immer optimal bestellt. Logischerweise verleitet die Kombination aus fehlendem Badezimmer und Minustemperaturen nicht wirklich zur täglichen Dusche, und Wasserknappheit lässt Menschen in der Wüste vielerorts seltener zu Waschlappen und Seife greifen. In diesem Fall heißt es dann »Nase zu und durch« – und keine unbedachten Bemerkungen zu diesem Thema fallenzulassen.

Die Altlast

Es gibt Standards, die widersprechen einfach jedem westeuropäischen Höflichkeitsgefühl. Da kann man als Deutscher hundert Mal wissen, dass es im südlichen Afrika unhöflich ist, anderen Menschen lange in die Augen zu schauen, unsere Erziehung sagt uns etwas anderes: Wer dem Blick ausweicht, hat etwas zu verbergen. Und schon glotzen wir, grundehrlich, jedem ins Gesicht. Auch der Hinweis, dass es hier und da auf der Welt weder nötig noch höflich ist, zu einer Einladung pünktlich zu erscheinen, kollidiert heftig mit allem, was man in den ersten zwei Jahrzenten als Westler eingebläut bekommt. *Wenigstens annähernd pünktlich, das müsste doch okay sein… oder?*, fragt man sich. Das Leben belohnt einen dann reichlich für das frühe Erscheinen: zum Beispiel mit dem Anblick der Gastgeber in Feinrippunterhemd und Lockenwickler…

Die Missdeutung

Ganz besonders tückisch sind Situationen, von denen alle Beteiligten sicher zu wissen glauben, wie sie zu entschlüsseln sind – und doch in ihrer Interpretation meilenweit auseinanderliegen! Dummerweise dechiffrieren Menschen nämlich die Welt auch im Ausland vor dem Hintergrund ihrer eigenen Kultur – und steuern damit gezielt auf das nächste Fettnäpfchen zu. Ein Klassiker ist beispielsweise das fernöstliche Nein. Sagt der Chinese: »Da muss ich noch mal drüber nachdenken«, dann meint er »Nein«. Der Deutsche denkt sich jedoch: »Kann gut sein, dass er noch zustimmt.«

Die Nationalisten-Falle

»Willst du meine Heimat in den Dreck ziehen?« Schon die kleinste angedeutete Kritik verwandelt den einheimischen Saufkumpan in einen bedrohlichen Lokalmatador, der sich tief in seiner Ehre verletzt fühlt, nur weil man über die Frisur einer Landsmännin herzieht – oder eine ähnlich nichtige Kleinigkeit. Eine grobe Handreiche ist hier die Regel: Je ärmer und simpler, desto nationalistischer. Oft sind es jene, die sonst nichts haben, auf das sie stolz sein könnten, die sich am wohligen Feuer des Nationalismus wärmen und erst so richtig aufblühen, wenn ihnen die Landesflagge um die Nase flattert.

Die Rückkopplung

Dies ist eine der tückischsten Varianten, quasi der Fettnapf für Fortgeschrittene! Die Schwierigkeiten beginnen damit, dass ein anderer einen Fauxpas begeht. Würde man ihn darauf aufmerksam machen, verhielte man sich jedoch inakzeptabel und würde damit die peinliche Situation verstärken. Engländer und Chinesen haben dafür jeweils einen treffenden Ausdruck, der sich in keinem der beiden Fälle mit dem Wort »peinlich« angemessen ins Deutsche übertragen lässt: »Embarrassing« oder »bu hao yisi« ist bei ihnen eine solche Situation. Um es erst gar nicht so weit kommen zu lassen, schaut man vermeintlich ungerührt zu, wie der Besucher gegen die herrschenden Regeln in aller Öffentlichkeit ein Taschentuch zückt, weil man den Unwissenden in der beschämenden Situation nicht noch weiter belasten will.

Von Fettnäpfen, Hühneraugen und Ziegelsteinen

Wieso treten wir eigentlich in ein »Fettnäpfchen«, wenn uns etwas Peinliches im Umgang mit unseren Mitmenschen passiert? Ein möglicher Ursprung dieser Redewendung ist die mittelalterliche Sitte, neben dem Küchenofen ein Stück geräucherten Speck oder Schinken hängen zu lassen. Das durch die Hitze abtropfende Fett wurde mit einer kleinen Schüssel aufgefangen, schließlich konnte man damit noch kochen oder die Schuhe putzen. Vor allem nachts trottelte der eine oder andere schon mal gegen den Fettnapf und hinterließ eine unangenehme Bescherung.

Einer anderen Variante nach lässt sich der Ausdruck von der Fettschüssel herleiten, die in Bauernhäusern oft neben der Tür stand, damit sich die Bewohner und Gäste bei schlechtem Wetter die Schuhe nachfetten konnten. Egal welche Variante nun richtig ist, ein verschütteter Napf Fett ist eine ziemliche Sauerei, und auch die Vorstellung, ein Gast würde ungeschickt in das Fettbehältnis steigen und die Schweinerei am Ende noch durchs ganze Haus tragen, ist ziemlich ekelig.

Im Rumänischen benutzt man dasselbe Bild wie im Deutschen, dort treten die Menschen in die Töpfe (a călca în străchini), während sich auf Spanisch eine beeindruckende Auswahl auftut: Man kann mit dem Bein reintreten (meter la gamba), ein Brett ziehen (tirarse una plancha), in den Mörteltrog treten (meter el cuezo) sowie den Huf reinstecken (meter la pezuña) oder wahlweise auch die Hand (meter la pata), wer dies öfter tut, ist ein Metepatas, ein Ausdruck, der sich gar nicht angemessen ins Deutsche übertragen lässt. Angesichts der vielen Ausdrücke fragt man sich: Verhalten sich die Spanier besonders ungeschickt? Oder haben sie einfach nur genug Selbsthumor, darüber ausführlich zu reden? Denn der Spanier strauchelt auch gerne (dar un traspié) und sollte im Haus des Erhängten den Galgenstrick nicht erwähnen (mentar la soga en casa del ahorcado). Genauso bildhaft ist der Ausdruck »ins Schleudern geraten« (pegar un patinazo). Auf Griechisch begeht man schlicht einen dummen Fehler (κάνω γκάφα), während sich die Engländer den Fuß in den Mund stopfen (to put one's foot in one's mouth) oder einen Ziegelstein fallen lassen (to drop a brick).

Die Franzosen wiederum – wie könnte es anders sein – beziehen sich aufs Essen: Hier steigt man mit dem Fuß in den Teller (mettre les pieds dans le plat). Alternativ kann man auch eine Dummheit begehen (faire une gaffe). Dieser Begriff unklarer Herkunft hat es in viele Sprachen Europas geschafft: Auch in Italien begeht man eine Gaffe (fare una gaffe), genauso wie in Polen (popełnić gafę), wo allerdings auch noch die Möglichkeit einer Ungeschicklichkeit oder Taktlosigkeit besteht (popełnić niezręczność/nietakt). Auf Slowenisch macht man sich einfach nur lächerlich (osmešiti se) oder blamiert sich (blamirati se). Die Russen wiederum treten jemandem aufs Hühnerauge (наступить на мозоль). Doch nicht alle sind so bildlich. Auf Niederländisch begeht oder schlägt man bloß einen dummen Fehler (een flater slaan, een flater begaan). Die Schweden wiederum treten ins Klavier (trampa i klaveret). Was auf den ersten Blick ein ziemlich zerstörerisches Bild heraufbeschwört, bezieht sich allerdings eher auf den gesellschaftlichen Misston, denn der Ausdruck ist eine verkürzte Form des Satzes »das klingt wie mit Holzpantinen ins Klavier getreten« (det låter trampade i klaveret med träskorna).

In China wiederum lässt der etwas angestaubte Ausdruck chu yangxiang 出洋相 (grob übersetzt: wie ein westlicher Ausländer wirken) tief blicken: Westler galten im Alten China per se als peinlich und tollpatschig – und ehrlich gesagt hat sich daran bis heute nicht viel geändert. Neutraler sind die Ausdrücke shīlǐ 失礼 »gegen die (konfuzianischen) Sitten verstoßen« oder, meine illustre Lieblingsvariante, langbei 狼狈: Der Bei 狈 ist dabei ein Fabeltier mit extrem kurzen Vorderbeinen, das sich nur fortbewegen kann, wenn es sich auf einen Wolf (Lang 狼) stützt. Wolf und Bei geben zusammen ein unbeholfenes und peinliches Paar ab.

Globetrottel aller Welt, blamiert euch!

Fettnäpfe gibt es, wie wir im vorigen Kapitel bereits gesehen haben, also genügend – doch wer sind eigentlich die Menschen, die auf Reisen zielsicher vom einen zum nächsten tappen? Hier gibt es eine beeindruckende Bandbreite, die sich in diverse Unterspezies einteilen lässt:

Der Vielreisende

Heute Rom, morgen Ruanda, übermorgen Saigon – und all das natürlich immer im faltenfreien Anzug. Er hat schon alles gesehen, nichts kann ihn mehr beeindrucken. Seine Uhr zeigt mindestens drei Zeitzonen gleichzeitig an und über den Jetlag kann er nur trocken husten. Großkotzig dominiert er jede Diskussion: Phnom Penh? Ach ja, da war er auch schon, Paris ist schon lange nicht mehr das, was es mal war, und Nigeria ist sowieso in Geschäftsfragen indiskutabel. Er kann jede Skurrilität übertrumpfen, schließlich kennt er alle Hotelbars der Welt persönlich und die horizontalen Damen aus der Seitengasse daneben auch. Wenn er von Stunden spricht, sind natürlich Flugstunden gemeint – und zwar in der Businessclass. Kommt er doch in die Verlegenheit, Holzklasse fliegen zu müssen, erkennt man ihn am angeekelten Gesichtsausdruck. Bei Gesprächen an der Hotelbar muss er hier und da auch mal ein wenig das Revier markieren: »Mit dem einarmigen Piloten im Zweisitzer über den Kriegsgebieten des Sudan…, da macht ihr Euch kein Bild…« In Sachen Fettnäpfchen ist der Vielreisende dank seiner unübersehbaren

Arroganz und mangelnder Fremdsprachenkenntnisse jenseits des Englischen eine verlässliche Größe. Oft weiß er nämlich gar nicht mehr so ganz genau, in welchem Land er sich gerade befindet, da kann man die Kulturstandards schon mal durcheinanderbringen. Macht aber nichts, morgen ist er sowieso schon wieder woanders.

Der Gutmensch

Zielstrebig steuert er in Bombay, Sao Paulo und Nairobi die Slums an, um sich mit den Menschen dort zu verbrüdern. Wenn er diese Exkursionen überlebt, ist dies nur der Tatsache geschuldet, dass es die lokalen Gangster und Banden gar nicht fassen können, dass sich ein wohlhabender Tourist allen Ernstes in diese Ecke wagt und sie ihn deshalb für wichtig halten. Taschendiebe sind für den Gutmenschen bedauernswerte Kreaturen, die von der Gesellschaft in die Kriminalität gezwungen wurden und denen er verzeiht, wenn sie ihn berauben. Den Verlust des Geldes verschmerzt er gerne, es ist ja sowieso nur ein Symbol des Kapitalismus, doch insgeheim ist er schon ein bisschen enttäuscht, dass ihn die Armen nicht als Ihresgleichen angenommen haben.

Äußerlich erkennt man ihn an den ausgebeulten Leinenhosen aus der Khaosan Road in Bangkok oder vom Indianermarkt in Otavalo, und natürlich am bequemen Schuhwerk, gerne auch mit Fußbett und aus der Haut glücklicher Kühe gefertigt. In Laos und Vietnam trägt er aus Solidarität mit den armen Massen jedoch auch Flipflops. In den öffentlichen Verkehrsmitteln wird das Ticket zur politischen Demonstration. Mit dem Stehplatz auf der 25-stündigen Nachtfahrt von Mombasa nach Nairobi dokumentiert er die Scham ob seines westlichen Reichtums, während alle anderen Passagiere über die Frage grübeln: »Kann sich dieser Ausländer wirklich kein anständiges Ticket leisten?« Dass der Gutmensch trotz seiner vergleichsweise guten Info-Lage bereitwillig in alle Fettnäpfchen tritt, lässt sich mit einer gewissen Naivität erklären: Was die Menschen wirklich beschäftigt, hat er vor lauter rosa Brille nicht verstanden, sodass seine Kontaktversuche immer ein wenig putzig wirken.

Der Adaptionist

Für Reisende, die sich im Ausland freiwillig oder unfreiwillig als Deutsche zu erkennen geben, haben die Adaptionisten nur Verachtung übrig. Damit ihnen das bloß nicht passiert, unterhalten sie sich ausschließlich, auch untereinander, in der jeweiligen Landessprache, wenn es sein muss auch auf Chinesisch. Dass das Gesprächsniveau dadurch auf das Niveau einer PEKiP-Spielgruppe sinkt, ist kein Hinderungsgrund. Pikanterweise outen sich die Adaptionisten gerade durch diesen verkrampften Versuch der sprachlichen Mimikry als Deutsche – keine andere Nationalität käme auf einen solchen hirnrissigen Gedanken!

Die Freude an der Anpassung ist nicht nur in linguistischer Hinsicht grenzenlos: Weibliche Adaptionisten entdecken trotz eines plakativ nach außen getragenen Feminismus nach drei Wochen Orient die Erotik des Schleiers, oder flanieren im Sari durch Indien. Männer hingegen entwickeln eine Vorliebe für schlecht gewickelte Turbane oder Wasserpfeifen. In Sachen Fettnapf verhalten sich die Adaptionisten vorbildlich: Sie übernehmen mit wehenden Fahnen und wahllos alle Kulturstandards, denen sie begegnen. Wenn sie mit den Einheimischen trotz allen Entgegenkommens nie so recht warm werden, dann liegt es meist daran, dass sie ihnen nicht nur entgegenkommen, sondern diese weit überholen. Adaptionisten in Japan sind japanischer als der Tenno, und auch in Pakistan, Dubai oder sonst wo auf der Welt sind sie der Lokalbevölkerung suspekt – schon weil sie in keinster Weise den Erwartungen der Einheimischen an Europäer gerecht werden. Schlimmer noch, sie weigern sich, billige Souvenirs zu kaufen, laufen jede Strecke zu Fuß und geben grundsätzlich nie mehr als fünf Euro pro Übernachtung aus.

Der Offene

Katzenragout? Na klar, immer her damit! Der Offene probiert alle Nationalgerichte, lässt sich auf indische Hochzeiten einladen, die sich über zwei Tage erstrecken, er schläft im brasilianischen Dschungel im Baumhaus und schafft es als Einziger, sich konsequent an einheimischen Imbissständen zu ernähren, ohne von Montezumas Rache geplagt zu werden. Der Offene nimmt alles mit, hat einen Heidenspaß dabei und weiß nach der Reise zwar nicht mehr über die Welt als vorher, kann sich aber mit einer großen Weltkarte mit vielen kleinen Nadeln brüsten.

Der Besserwisser

Die Tropen könnten so schön sein – wenn nur die Leute nicht alles falsch machen würden! Italien ohne Italiener, wäre das nicht herrlich? Hier müsste nur mal einer …! Besserwisser erläutern den Bahnarbeitern am Bahnhof von Neapel, wie das mit dem An- und Abkoppeln richtig geht, verteilen Postkarten ihrer Heimatstadt und sind immer bereit, spontane Referate zu halten. Sogar großflächige Konflikte wie jene im Nahen Osten könnten sie lösen, wenn man sie nur ließe! In dieser Disziplin kämpfen Deutsche und US-Amerikaner um den Spitzenplatz.

Der Senior-Reisende

Italiener sind charmante Chaoten, Afrikaner sind »Neger« und Asiaten kann man sowieso nicht trauen: Das Weltbild älterer Reisender wird hier und da nicht mehr so ganz den aktuellen Gegebenheiten gerecht. Das wäre eine gefährliche Haltung, profitierten sie nicht von der Tatsache, dass gerade in den Ländern, die sie so schmählich beschimpfen, ältere Menschen meist sehr in Ehren gehalten werden und die Servicekräfte deshalb zähneknirschend aber lächelnd alle sprachlichen Ausrutscher tolerieren. Außerdem kaufen Senioren die fast echt persischen Teppiche aus dem überteuerten Souvenirshop und entfernen sich nie weit von den touristischen Pfaden. Dennoch: Im ganz normalen Alltag in der Fremde sind sie ein nimmer versiegender Quell an Peinlichkeiten. Die Senioren haben den höchsten Reiseleiterverschleiß, vor allem wenn eine pädagogische Laufbahn hinter ihnen liegt. Der Ausdruck »pensionierter Oberstudienrat« gehört deshalb zu den Schreckensvokabeln aller Tourguides.

Kolonialherren

Was wäre Afrika ohne die Franzosen, wo stünden die Inder heute ohne die Briten? Genau! Und mal ehrlich, war früher, in Deutsch-Kamerun und in der wilhelminischen Kolonie Tsingtau nicht sowieso alles besser organisiert? Die verkappten Kolonialherren sprechen grundsätzlich von »Chinks« wenn es um Chinesen geht, treffen »Pakis« in Pakistan und glauben noch immer fest an die Überlegenheit der weißen Rasse. In Sachen Fettnapf sind die Kolonialisten daher ganz oben mit dabei. Dass sie ihre Reisen meist ohne körperliche Schäden überstehen, liegt daran, dass sie vorrangig in der gehobenen Hotellerie verkehren und dort gut geschultem Personal begegnen, das seine Aggressionen abends am Sandsack auslebt, anstatt den Kolonialherren den Cocktail über den Kopf zu schütten.

Der Safari-Hut

Er reist stets gut vorbereitet und hat dennoch keinen Schimmer vom Reiseland: Der Safari-Hut erlebt die Welt als permanentes Abenteuercamp. Weil er jedoch immer mit Familie unterwegs ist, sinkt er vor Freude auf die Knie, wenn er doch

Du und ich: Die erste Begegnung

Fettnapf 1: Sich verbeugen | **Fettnapf 2:** Die Hand schütteln | **Fettnapf 3:** Beides gleichzeitig tun | **Fettnapf 4:** Sich in die Augen schauen

»Sie sehen aus, als ob Sie gleich ins Bett wollten«, ließ Prinz Philip, Duke von Edinburgh, im Jahr 2003 den nigerianischen Präsidenten Olusegun Obasanjo wissen, als dieser ihn bei einem Staatsbesuch vor Ort im traditionellen Gewand begrüßte. Mit diesem unschlagbaren Intro zementierte der Ehemann von Queen Elisabeth nicht nur seinen Ruf als »Prinz Peinlich«, sondern demonstrierte auch gleich noch, dass sich selbst die höflichen Briten hier und da im Ton vergreifen (obwohl man auf der Insel gerne auch die deutschen Vorfahren Prinz Philips dafür verantwortlich macht). Über das weitere Gespräch ist nichts übermittelt, beste Freunde sind Prinz Philip und Präsident Obasanjo aber wahrscheinlich nicht geworden.

Immerhin braucht Obasanjo die Bemerkung nicht persönlich zu nehmen, denn dies ist nicht Prinz Philips erster verbaler Ausrutscher gewesen: Ebenfalls gerne erinnert man sich in Großbritannien an seinen Besuch bei Helmut Kohl 1997, den er mit den Worten »Guten Tag, Herr Reichskanzler« einläutete, oder seine Frage an das schwarze Mitglied des House of Lords, Lord Taylor of Warwick, den er mit einem »Und aus welcher exotischen Ecke der Welt kommen Sie?« bedachte. (Was jedoch im Nachhinein wenig Beachtung fand, da sich besagter Lord in einem gigantischen Skandal diskreditierte, in dessen Folge er seine Anwaltszulassung verlor und wegen falscher Ausgabenabrechnungen im Knast landete.)

Alles in allem ist Prinz Philip der Beweis, dass man, bei effizienter Arbeitsweise, schon mit wenigen Worten zu Beginn einer Begegnung echte Zeichen setzen kann. Nur wenige Sekunden dauert es, bis sich Menschen bei neuen Bekanntschaften ein Urteil bilden, das fortan nur noch schwer umzustoßen ist. Der Grund dafür ist so einfach wie einleuchtend: Für den Menschen ist es seit jeher wichtig, Freund und Feind schnell zu unterscheiden, und zwar bevor einem die Keule über den Kopf gezogen wird. Ist der erste Eindruck erst versemmelt, braucht es viel Mühe und Aufwand, bis die Scharte wieder ausgebügelt ist.

Da dürfte es für Prinz Philip und all die anderen Menschen, die sich notorisch im Ton vergreifen, tröstlich zu wissen sein, dass das gesprochene Wort nur einen kleinen Teil des ersten Eindrucks ausmacht. Haltung, Mimik und Gestik spielen eine viel größere Rolle. Andererseits ist auch das keine wirklich gute Neuigkeit – denn wer kann schon von sich behaupten, all die Gesten zu beherrschen, die einen im jeweiligen Land zum Insider oder Outsider machen? Niemals wird es einem Europäer beispielsweise gelingen, eine perfekte japanische Verbeugung hinzubekommen, deren Winkel je nach der eigenen Position und der des anderen sowie dem Alter und anderen sozialen Aspekten variiert. Und wer weiß schon, dass man in Schwarzafrika niemandem (schon gar nicht dem Vorgesetzten!) direkt ins Gesicht blicken sollte? Wo die US-Amerikaner im festen Blick Charakterstärke erkennen, sehen viele Afrikaner schlicht Unverschämtheit. Andersherum sind vermeintlich schüchterne Sambier oder Südafrikaner, die bei der Begrüßung eines Fremden aufmerksam dessen Schuhe studieren, einfach nur höflich.

Auch die gelungene Maori-Begrüßung des *Hongi* dürfte dem Ortsfremden schwerfallen: Dabei werden Stirn und

Nase aufeinandergedrückt (gegenseitig versteht sich!), sodass man den Atem des anderen spürt (und JA, es gibt Touristen, die versuchen das allen Ernstes nachzuahmen und wundern sich, wenn sie dafür nicht gleich beim ersten Treffen mit einer Einladung in einen echten Maori-Haushalt belohnt werden).

So blamieren Sie sich richtig!

Der Insidertipp für alle, die ihren Neuseeland-Aufenthalt etwas spannender gestalten möchten: Probieren Sie den Hongi unbedingt bei einem der zahlreichen Maori-Gangmitglieder zum Beispiel den Mongrel Mobs oder den Black Power aus. Dort weiß man ihre Adaptationsbereitschaft viel mehr zu schätzen als bei den Touristen-Führungen durch die Marae (die Versammlungsgelände der Maori)! Übrigens, apropos Gangs: Interessanterweise verbieten die Black Power ihren Mitgliedern, das Gangabzeichen auf einem Fahrrad zu tragen, das ist nur auf einem standesgemäßen Bike erlaubt. Aber das nur am Rande – für alle, die wirklich was auf die Mütze brauchen.

Andererseits: Die Geste zählt! Theoretisch zumindest. So bereitete sich der deutsche Vater eines Freundes, von diesem Geist beseelt, intensiv auf den Besuch der japanischen Schwiegereltern in spe in Deutschland vor. Er quälte sich durch zehn Lektionen »Japanisch für Anfänger« und natürlich auch durch ein Buch über die Gepflogenheiten des Landes. Der japanische Brautvater Herr Kawasaki ließ sich ebenfalls nicht lumpen, schmökerte im alten Deutschbuch und frischte sein Wissen über die deutschen Umgangsformen auf – Höflichkeit ist schließlich eine Grundtugend in Japan. Beim ersten Zusammentreffen in der Ankunftshalle des Frankfurter Flughafens freilich erwies sich die Strategie der beiden Herren als wenig erfolgreich: Während Herr Kawasaki forsch die Hand nach vorne streckte und dem Abholer ein

Guten Tag anbot, ließ der Deutsche seinen Oberkörper mit einem selbstsicheren *Konnichiwa* in einer geschmeidigen Verbeugung von 90 Grad abknicken und klatschte mit der Stirn auf Herrn Kawasakis Hand.

So blamieren Sie sich richtig!

Wer sichergehen will, dass die westlich-japanische Begegnung in die Hose geht, läutet diese mit einem sogenannten »Bow Shake« *ein, mit dem schon der amerikanische Präsident Obama beim Besuch des japanischen Kaisers einen dauerhaften Eindruck hinterließ: Die Rechte zum Handschlag ausgestreckt, verbeugen Sie sich gleichzeitig tief – was ungefähr genauso dämlich ankommt, wie es aussieht. Wenn Rückenprobleme den* »Bow Shake« *verhindern, tut es auch der teutonisch-männliche Knochenbrecher-Handschlag, der nicht nur gleich bei der ersten Begegnung klarstellt, dass von deutscher Seite testosteronmäßig alles im Lot ist, sondern der das asiatische Opfer auch mindestens drei Fingerknochen kostet.*

Da sich die Überraschung eines solchen Einstands abnutzt, legen Profis hier und da einen sprichwörtlichen Arm-Shake ein und schütteln die Hand so hochfrequent, dass die Schultergelenke in der Pfanne klappern.

Wer allerdings denkt, nur die asiatischen Verbeugungen hätten es in sich, der irrt. Zumindest wenn es um die Herausforderungen jenseits orthopädischer Fragen geht. Das beste Beispiel ist das Begrüßungsküsschen, das aus südlichen Gefilden mittlerweile auch nach Deutschland gekommen ist. Ein Schmatzer rechts und links zur Begrüßung – das ist cool und irgendwie kosmopolitisch. Locker eben. Außer man bewegt sich im arabischen Raum, wo das Küsschen quasi eine Einladung ins Bett ist. Meistens zumindest. Bei Nordafrikanern mit viel Kontakt nach Frankreich vielleicht nicht. Oder doch? Hier ist viel Einfühlungsvermögen gefragt.

Aber auch dort, wo der Kuss zur üblichen Begrüßung zählt, tun sich allerhand Fragen auf:

a) *Wie oft wird geküsst?* Einmal? Zweimal? Dreimal? Dummerweise gibt es selbst innerhalb eines Landes große Unterschiede. In Paris sind es zwei Wangenküsse, im Rest des Landes dürfen es mehr sein, manchmal bis zu vier! Böse Zungen behaupten, dass sich an der Zahl der Wangenküsse der Grad der Provinzialität erkennen lässt – dass sich die Belgier ebenfalls nur zweimal küssen, passt dabei wenig zum französischen Vorurteil. In Brasilien ist es umgekehrt: Hier dominiert an der Küste die Dreifachvariante, während im Inland ein oder zweimal geküsst wird. Genaue Informationen zur brasilianischen Knutschfrequenz gibt es übrigens auf der Kuss-Karte unter www.treta.com.br/2011/04/com-quantos-beijos-se-cumprimenta-algum.html. In Rumänien wiederum wird links und rechts geküsst, während man in Spanien und in der Schweiz eine links-rechts-links Choreografie favorisiert. Sicher ist: Sind sich die Beteiligten über die korrekte Anzahl nicht einig, kommt es zu peinlichen Nasen- oder Augenbrauen-Begegnungen.

b) *Wie nah geht man ran?* Machen Sie nie den Fehler, einem Franzosen oder Belgier wirklich einen feuchten Schmatzer auf die Wange zu kleben. Pfui! Begrüßungsküsse sind ein bisschen wie Luftgitarre spielen: Hier wird nur simuliert.

c) *In welcher Reihenfolge wird geküsst?* Immerhin, hier gibt es eine Regel: Immer links anfangen. Ob dies auch gilt, wenn sich zwei Linkshänder treffen, wäre noch zu eruieren.

Sicher ist beim Thema Kuss: Prominente Vorbilder taugen nur begrenzt. Der leidenschaftliche sozialistische Breschnew-Honecker-Bruderkuss auf den Mund war schon vor dem Zerfall des Ostblocks eine dubiose Sache.

So blamieren Sie sich richtig!

Küssen Sie immer feucht und schmatzig mit maximalem Saugeffekt und (optional) Lippenstift. Nach zwei Tagen verzichtet man in ALLEN Ländern freiwillig auf dieses Vergnügen.

Im Vergleich zum Wangenkuss scheint der Handkuss irgendwie einfacher. Vielleicht weil wir ihn in Deutschland so selten wagen? In Österreich, Ungarn, Polen und Rumänien jedenfalls lebt er noch. »Sărut mâna!«, haucht der Rumäne, der Österreicher säuselt ein lang gezogenes »Küss die Hand, gnä' Frau«, dann blickt er der Dame tief in die Augen (und nicht in den Ausschnitt) und haucht schließlich einen angedeuteten Kuss auf ihren Handrücken. Frauen sind somit vorgewarnt, wenn ein Handkuss droht. Umgekehrt ist es nicht ganz so einfach. Gehen Sie als Mann in diesen Ländern davon aus, dass Frauen Ihnen NICHT die Hand hinstrecken, um ihre Maniküre bewundern zu lassen! Ansonsten gilt: In der Disko und auf Motorradtreffen nehmen Sie von der Sitte des Handkusses Abstand.

Besonders Adaptionisten und Profilneurotiker finden hier ein dankbares Betätigungsfeld, wenn auch nicht zwingend die Belohnung, die sie für diese Performance heimlich erwarten. Insgesamt kann man Ungeübten vom Handkuss eigentlich nur abraten. Vom Blamage-Potenzial eines feuchten Handschmatzers zur falschen Zeit einmal abgesehen, heißt es zu bedenken: In manchen Gegenden gilt der Handkuss quasi als Heiratsantrag. Und so weit will dann vielleicht nicht einmal der Adaptionist gehen.

Gib mir schmutzige Namen!

Fettnapf 5: Konsequent den Vornamen verwenden | **Fettnapf 6:** Nicht den Vornamen verwenden

»Wang Xuelong, mein Name«, stellt sich der chinesische Geschäftsmann kurz vor. »Nett, Sie kennenzulernen, Herr Schlong«, erwidert der Deutsche und bleibt im folgenden Gespräch konsequent bei dieser etwas verstümmelten Variante, die vor allem daran krankt, dass er nicht nur Vor- und Nachname verwechselt hat – in diesem Fall wäre Herr Wang die richtig Anrede – sondern auch daran, dass der Vorname Xuelong als »chüelung« gesprochen wird, und nicht als Schlong, was im internationalen Kontext nicht gerade gut ankommt: Auf Englisch ist *Shlong* nämlich kein tischfähiges Wort. Oder anders gesagt, wer sein Gegenüber als Mr. Penis bezeichnet, muss schon sehr auf Humor hoffen. Alles in allem immerhin eine schöne Methode, Herrn Wang für immer im Gedächtnis zu bleiben!

Ganz so schlimm geht es nicht immer aus, doch die Möglichkeiten, gleich beim Namen erste Patzer zu machen, werden gerne und oft genutzt. Dabei gilt: Je fremdländischer der Name, desto häufiger die ungewollten Verballhornungen. Selbst deutsche Buchverlage drucken hier und da schon mal den Vornamen eines chinesischen Autors als Nachname auf den Buchrücken eines übersetzten Romans. Dabei ist der Namensaufbau im Grunde leicht zu durchschauen: In China steht der einsilbige Nachname grundsätzlich an erster

Stelle, also vor dem zweisilbigen Vornamen. So weit, so einfach. Doch was wäre die Namenskultur ohne Ausnahmen! Selbstverständlich gibt es hier und da auch einsilbige Vornamen und zweisilbige Nachnamen und dazu auch noch findige Chinesen, die es dem Ausländer leicht machen wollen und gleich selbst den Namen auf der Visitenkarte in der europäischen Reihenfolge arrangieren und ihn auch noch mit einem vermeintlich westlichen Vornamen versehen. Wie heißt Cinder Hu Hua wirklich? Hu? Hua? Und – falls wir die Person nicht vor uns haben – ist es eine Frau oder ein Mann?

So blamieren Sie sich richtig!

Lassen Sie das ganze Klimbim mit den ausländischen Namen doch gleich bleiben. Mit einem »Hey you« oder »Mister« beziehungsweise »Madame« kommt man auch ganz gut durchs Leben. Fettnäpfchen-Spezialisten nehmen dazu noch das französische »Eh, vous« in ihr Repertoire auf und sind damit auf fast allen Kontinenten gut gewappnet.

Fremdländische Namen sind eine wahre Spielwiese für all jene, die nicht richtig hinhören. Und eine nie endende Herausforderung, denn neben den Chinesen stellen auch viele andere Asiaten (so zum Beispiel Japaner, Vietnamesen und Laoten) den Nachnamen (meist) vorne an, sodass sich auch hier die Frage stellt, mit welchem Namensteil man bei der Anrede denn am besten beginnt. Klanglich offenbart sich wiederum nur dem Sprachkundigen, welchen Geschlechts der Namensträger ist. Heißt es nun einen Brief oder eine E-Mail an einen unbekannten Adressaten zu schreiben, gibt es aus dieser Ungewissheit keinen anständigen Ausweg. Betitelt man einen Mann als Frau, ist der Macho am Ende beleidigt. Eine Frau als Mann anzusprechen, ist auch nicht viel besser, denn es kann im beruflichen Umfeld ein wenig frauenfeindlich wirken – so als würde man denken: *Eine Frau auf diesem Posten? Ach was!*

In Thailand wiederum wiegt man die Ausländer in Sicherheit: Es gibt einen Vor- und einen Nachnamen, und zwar in dieser Reihenfolge, genau wie im Westen. Grundsätzlich wird jedoch nur der Vorname verwendet, womit sich der Ausländer freilich meist schwertut: Darf man bei einem Business-Meeting wirklich auch den Vorstandsvorsitzenden mit Vornamen ansprechen, ohne postwendend den Rückflug antreten zu müssen? In der Tat wurden Familiennamen erst zu Beginn des 20. Jahrhunderts in Thailand gesetzlich vorgeschrieben und sind den meisten Einheimischen daher herzlich egal. Den Vornamen allerdings heißt es unbedingt mit dem passenden Titel zu garnieren: Herr Doktor Dhipyamongkol, Herr Dozent Jatukamramthep … Im Alltag und unter Freunden gelten dabei selbst die Vornamen als eher steife Angelegenheit, sodass sich gute Bekannte nur mit einsilbigem Spitznamen anreden. Passend dazu sind thailändische Telefonbücher konsequent nach Vornamen angeordnet.

Wer dies für besonders asiatisch oder exotisch hält, kann sich in Island eines Besseren belehren lassen. Auch dort wird nach dem Vornamen sortiert. Was natürlich dadurch vereinfacht wird, dass es ja sowieso nicht besonders viele Isländer gibt. Die Vorliebe für Vornamen hat allerdings einen noch simpleren Grund: Es gibt in Island keine wirklichen Nachnamen! Falls Sie mit Leidenschaft skandinavische Krimis lesen, dürften Sie bereits wissen, dass der vermeintliche Nachname der Isländer immer auf -dottir oder auf- son endet. Sie ahnen es schon (was bei einer germanischen Sprache auch nicht so schwierig ist): *Dottir* bedeutet Tochter und *Son* ist der Sohn. Je nach Geschlecht wird diese Endung an den Vornamen des Vaters angehängt – fertig ist der Nachname. Seit 1991 ist es auch möglich, sich nach der Mutter zu benennen, also die jeweils passende Endung an den Vornamen der Mutter anzufügen. In seltenen Fällen gibt es hier und da auch Mittelnamen, eine eher neuer Trend, der von konservativen Isländern mit Skepsis betrachtet wird.

Wie viel großzügiger gehen im Vergleich dazu die Lateinamerikaner mit der Namensfülle um! Die meisten von ihnen treten mindestens mit einem imposanten Doppelnamen auf. Anders als die deutschen Leutheusser-Schnarrenbergers werden sie allerdings nur mit einem davon angesprochen, und zwar dem väterlichen Teil. Damit es dann doch nicht zu einfach ist, verstecken ihn die hispanophonen und lusophonen Kulturen an unterschiedlicher Stelle: In spanischsprachigen Ländern ist dies der erste Namensteil, in Brasilien jedoch der zweite.

So blamieren Sie sich richtig!

Was schon bei der persönlichen Anrede Probleme bereitet, sieht auf der Landkarte nicht viel besser aus. Bleiben Sie doch im Gespräch mal bei kolonialen Länderbezeichnungen wie Deutsch-Südwestafrika, Rhodesien oder Ceylon. Auch wer meint, Belgisch-Kongo und Obervolta bräuchten keine neuen Namen, hat damit schnell den Unmut der Einheimischen auf sich gezogen. Falls demnächst keine Fernreise ansteht, probieren Sie es einfach mit dem Verfechten deutscher Ortsnamen in Polen oder Tschechien.

Völlig anders gestrickt sind im Vergleich dazu die Namen in islamischen Kulturen: Klassischerweise besteht ein Name hier aus dem Vornamen, dem Namen des Vaters, der mit einem *bin* angehängt wird, und einem Zusatz wie beispielsweise der regionalen Herkunft, dem Beruf oder einem anderen Merkmal. Die Vornamen sind noch unproblematisch. Oft haben sie einen religiösen Bezug – nicht umsonst ist Mohammed einer der beliebtesten Vornamen – und so lässt sich hier und da am Namen erkennen, ob es sich um Sunniten oder Schiiten handelt. So sind Omar und Aischa eher sunnitische Namen, während Ali, Hassan und Fatima eher von Schiiten vergeben werden. Das ist hilfreich zu wissen, damit man sich später bei religiösen Themen nicht um Kopf und Kragen redet.

Ob männlich oder weiblich ist bei islamischen Namen auch für Westler meist leicht zu erkennen. In Kombination mit dem zweiten Namen wird es dann allerdings doch verwirrend: Ist Fatima Ali eine Frau oder ein Mann? Nur wer die Regeln kennt, entschlüsselt ihn korrekt als Kurzform ohne besagtes *bin* und zwar als Fatima, die Tochter Alis.

Achtung!

Auch im islamischen Raum gibt es die Sitte, Menschen als »Vater von …« oder »Mutter von …« zu bezeichnen (deutsche Eltern mit Kleinkindern kennen das). Zum Beispiel den Vater von Ahmed als Abu Ahmed, wenn der erste Sohn so heißt. Frauen können als »Umm Ahmed« (Mutter von Ahmed) bezeichnet werden oder auch nach der ersten Tochter. Im Gegensatz zur deutschen Kindergartenszene, wo eine solche Namensgebung auf Dauer einen gewissen Nervfaktor entwickelt (»Schau mal, da ist ja die Mutti von Ben«), ist diese Form der Benennung im moslemischen Kulturkreis durchaus achtungsvoll.

Die beliebte Frage »Was bedeutet dein Name« kann im moslemischen Raum übrigens direkt ins Fettnäpfchen führen: Neben glorreichen Vorbildern wie Löwe (Assad) oder Prinzessin (Amira) trifft man auch auf allerhand aus westlicher Sicht eher seltsame Bedeutungen wie »Schluss«, »die Letzte« (dies für Töchter) oder einfach nur eine Durchnummerierung der Kinder. Dass mit der Bedeutung solcher Namen niemand gerne hausieren geht, versteht sich von selbst.

Der dritte Teil des Namens schließlich bezieht sich auf Herkunft, Beruf oder andere Merkmale, in Saudi-Arabien zum Beispiel auf den Stamm, der mit *al* angehängt wird: al-Qahtani, al-Shammari …

Doch wie spricht man einen arabischen Moslem nun korrekt an? Sicher ist: Keinesfalls nur per Vornamen, es sei denn, man ist bereits befreundet. Der mittlere Teil, der sich auf den Vater bezieht, darf, aber muss nicht wegfallen, während der dritte Part meist wie im Westen als Familienname verwendet wird und genannt werden sollte.

Der Name ist jedoch nur eine Möglichkeit im Ausland ins Fettnäpfchen zu treten – auch der Titel kann eine regelrechte Steilvorlage bieten. Und dafür muss man noch nicht einmal weit fahren! Nach Österreich zum Beispiel. Den Namen versteht der Deutsche hier spätestens nach der zweiten Nachfrage, schwieriger wird es mit dem Titel: »Ach, Sie sind Studienrätin? Sie haben promoviert?« Mit gefrierendem Lächeln muss Frau Dr. Mayer dann zugeben, dass nicht nur der Nachname sondern auch der Titel angeheiratet ist. Schneller kommt man nimmer zu einem so schönen Titel! Als Deutscher sollte man sich allerdings keine Hoffnungen machen: Erstens färbt der Titel nur vom Mann auf die Frau ab und zweitens sind Deutsche von diesem Usus ausgenommen. Sie dürfen nämlich nur die Buchstaben führen, die ihnen auch in der Heimat zustünden.

Selbst erworben oder nicht, wehe man lässt den Titel unter den Tisch fallen! Wenn der egalitäre Deutsche oder Niederländer (dem die Titelei bestenfalls einen Lachkrampf beschert) den Titel-Schabernack kurzerhand mit einem demokratischen *Herr* oder *Frau* ersetzt, vereinfacht sich der Kontakt erheblich – weil er dann schnell alleine dasteht. Auch in Osteuropa heißt es Studium und Position gebührend zu würdigen. In Polen gibt es ab einer gewissen Ebene sogar automatisch ein Upgrade: Bei der Anrede werden Zusätze wie »stellvertretender« oder »Vize« einfach weggelassen. Das klingt ja auch nicht!

Wer sich all diese Details merken will, braucht mitunter ein gutes Gedächtnis. Gut, dass wenigstens in der Welt der Wirtschaft ganz offiziell mit Spickzetteln gearbeitet wird: den Visitenkarten.

Wer geschäftlich unterwegs ist braucht unbedingt eine. Oder vielmehr Tausende davon. Vor allem in Asien und im Nahen Osten, heißt es, mit vollen Händen zu verteilen, als gäbe es kein Morgen: Menschen ohne Karte sind es nicht wert, dass man sich mit ihnen beschäftigt, denn offensichtlich sind sie ohne jegliche Bedeutung.

Doch wie soll die »richtige« Karte aussehen? Schlicht und bescheiden? Einsprachig, mehrsprachig? Und welche Farben kommen überall gut an? In dieser Hinsicht liegen die Vorstellungen weit auseinander. Mit einer ordentlichen Visitenkarte, die im Orient oder in Osteuropa richtig Eindruck schindet (Stichwort goldener Prägedruck, protzige Logos und eventuell ein schönes Farbfoto von sich selbst), kommt man im Westen vielleicht noch als Bordellbesitzer durch. Schon aus diesem Grund gibt es Geschäftsleute, die auf Messen mindestens drei Westentaschen im Einsatz haben: Eine für die bescheidenen Karten, eine für die protzigen und natürlich eine für die empfangenen Karten. Fettnäpfchen-Spezialisten vertun sich nach spätestens fünf Minuten und verteilen die empfangenen Karten erneut – eine international sehr wirkungsvolle Methode, über lange Zeiträume Verwirrung zu stiften.

Wer sich beim Einsatz von Gold und Glitter schwertut, kann stattdessen beim Titel nachlegen: Zum Beispiel in Österreich, den USA aber auch in Indien darf es gern ein Happen mehr sein: »Head of« und »Director« werden hier recht inflationär gehandelt – sind wir nicht alle irgendwie Manager? Wer sich zu bescheiden gibt, erweckt höchstens den Verdacht, keine wichtige Position zu besetzen! In China und in Afrika schmeißt man – viel hilft viel – gleich noch alle Funktionen hinterher, die man sonst so innehat: Rotary Club, Vereinsvorsitz, Sportclub oder Besitzer einer Kunstgalerie – alles geht, Hauptsache es klingt gut.

Farblich gibt es kaum Tabus, von rosa und hellblau einmal abgesehen.

Grüne Visitenkarten kommen dagegen in islamischen Ländern nicht so gut an, denn Grün ist die Farbe des Islam und sollte nur im religiösen Kontext verwendet werden.

Ob üppig oder schlicht, auch die Übergabe ist eine kniffelige Angelegenheit: In Ostasien wird die Karte mit beiden Händen übergeben, in Japan gehört noch eine angedeutete Verbeugung dazu. Im Orient wiederum kommt die linke Hand (das schmutzige Stück!) besser nicht zum Einsatz. Auf alle Fälle heißt es dann aufmerksam lesen. Mit Ehrfurcht bitte! Menschen mit wenig Toleranz für Rechtschreibfehler sollten schon vor dem Aufenthalt in Fernost Contenance üben, denn die Haltung zur englischen Rechtschreibung ist hier bis in die Chefetage rundum entspannt. Hauptsache mächtig, egal ob *Chief Executive Officer* oder *Chiff Excutve Officor.*

So blamieren Sie sich richtig!

Studieren Sie Visitenkarten nicht nur, sondern vermerken Sie auch gleich wichtige Notizen oder kleine Krakeleien darauf, das adelt die Karte. Alternativ können Sie daraus in den weniger spannenden Phasen von Besprechungen auch lustige Origami-Figuren knicken. Die anderen Mitglieder der Verhandlungsrunde werden die Ablenkung zu schätzen wissen.

Verbal ins Abseits: Heikle Themen für unterwegs

Fettnapf 7: Die Klappe halten | **Fettnapf 8:** Nicht die Klappe halten

Geht es nach interkulturellen Ratgebern, kann man unterwegs im Ausland eigentlich gar nicht genug Konversation betreiben: Wie sonst sollte man sich verständigen und die fremde Kultur verstehen lernen? Was die Ratgeber nicht dazuschreiben: Schon manch einer hat sich in der Ferne um Kopf und Kragen geredet. Denn was ein angemessenes Gesprächsthema ist, da gehen die Ansichten in der Welt weit auseinander.

Deutsche lechzen im Ausland danach, den Dingen auf den Grund zu gehen: Politik, Geschichte, das wahre Leben der Menschen und vielleicht sogar ein paar Einblicke in den harten Alltag der Unterschicht – schon allein dafür lohnt sich die Fernreise! Vor allem Gutmenschen lieben es, sich in fremden Problemen zu wälzen. Andersherum will man in Asien, Russland, Lateinamerika und Afrika unbedingt mehr über Reisenden wissen: Woher kommt er? Wie gefällt es ihm in der Fremde? Wie viele Kinder hat er und was hat seine Armbanduhr gekostet? Dazwischen liegt viel Niemandsland, das Platz bietet für Fettnäpfchen wie diese:

a) *Die Aufarbeitung aller Reiseerfahrungen im Gastland.* Und zwar der richtig schlechten. Endlich mal nachfragen, wieso die Züge grundsätzlich verspätet abfahren, der völlig nutzlose Präsident noch im Amt ist und die Analphabetenrate trotz aller ausländischen Hilfe immer noch nicht gesunken ist.

b) *Die Einheimischen mit lustigen Aussagen über ihre Heimat unterhalten.* Über den Witz »Holländisch klingt wie Deutsch mit Halsschmerzen« können Holländer beispielsweise nur noch schwer lachen. Noch wirkungsvoller ist es, wenn man solche Witze in rein deutscher Runde in einem holländischen Kaffee krachen lässt – weil die Einheimischen das ja sowieso nicht verstehen. In Holland, aber auch anderswo auf der Welt, eine gefährliche Fehleinschätzung: Deutsch steht derzeit weltweit an Stelle drei beim schulischen Fremdsprachenerwerb – sogar noch vor Französisch!

c) *Absolut keinen Small Talk führen – was soll das Gequatsche!* Wozu müssen Chinesen, Inder, Marokkaner und Russen eigentlich unbedingt wissen, ob ich Kinder habe und verheiratet bin? Vielreisende sind angesichts der auf sie einprasselnden Fragen hier und da versucht, die essenziellen Informationen einfach auf der Rückseite ihrer Visitenkarte abzubilden. Was dem ursprünglichen Sinn des Small Talks nicht wirklich gerecht wird.

Achtung!

Sich nach Einkommen, Vermögensverhältnissen, Körpergewicht oder den Gründen für die offensichtliche Kinderlosigkeit zu erkundigen, ist natürlich auch unter Chinesen nicht unbedingt höflich. Bei Ausländern darf man als Chinese allerdings eine Ausnahme machen. Aber aufgepasst: Diese Sonderregelung gilt keinesfalls auch andersherum! Die passenden schlagfertigen Antworten auf die eingangs genannten Fragen sind und bleiben für Ausländer tabu. Selbst wenn man sie auf Chinesisch beherrscht.

d) *Diskussionen vom Zaun brechen und Ratschläge geben, wie man alles besser machen könnte.* Vor allem Reisende der Kategorie Besserwisser und Kolonialherren kämpfen oft schwer mit sich – der Unmut muss einfach raus: Die schlechte Organisation des Frühstücksbuffets! Die missachteten Fahrpläne! Da könnte man doch was machen … Adaptionisten und Gutmenschen dagegen finden immer ALLES spitze, viel viel viel besser als in der Heimat, und gehen damit den Gastgebern irgendwann unglaublich auf die Nerven. Vor allem, wenn es sich um Länder handelt, deren Bewohner für eine Greencard oder eine Schiffspassage in die EU ohne Zögern zwei Finger opfern würden.

e) *Nationalistische Themen ansprechen.* Der Versuch, die französische Atompolitik in der Südsee zu diskutieren, ist in Frankreich genauso zum Scheitern verurteilt wie ein freundliches Gespräch über den Konflikt zwischen Tutsis und Hutus in Ruanda. Bei derartig tiefsitzenden Konflikten macht man sich (Doppelbonus!) bei allen Parteien unbeliebt, vor allem, wenn man als Ausländer nach 30 Sekunden Diskussion schon mit einer Lösung aufwarten kann, die den Beteiligten nach mehr als 100 Jahren noch nicht in den Sinn gekommen ist – dabei ist doch scheinbar alles so einfach! Egal ob im Nahen Osten oder im Kaschmir, Vermittlungsversuche von ausländischer Seite sind weder beliebt noch besonders erfolgreich.

f) *Die Wahrheit sagen*: »Bisher war meine Reise grauenhaft, man hat mir mein Geld gestohlen, das Hotel war dreckig und die hiesige Küche schmeckt unter aller Sau. Nächstes Jahr fahr ich woanders hin.«

g) *Nachbarvölker in einen Topf schmeißen, vergleichen oder gar (Königsdisziplin!) verwechseln*: Griechen und Türken, Chinesen und Japaner, Koreaner und Japaner, Armenier und Aserbaidschaner, Spanier und Portugiesen … – die Möglichkeiten sind endlos! So richtig unbeliebt machen Sie sich, wenn das Land, in dem Sie sich gerade befinden, auch noch schlecht dabei wegkommt.

h) *Politik und andere heikle Themen ansprechen*: Wie ist das genau mit der Korruption? Der Prostitution? Den Frauenrechten? Nichts mögen Menschen lieber, als wenn ein dahergelaufener Ausländer ihnen die Nase im Dreck reibt. Auch (oder gerade) wenn jener prinzipiell genau das beanstandet, was ihnen selbst bitter aufstößt.

Natürlich gibt es auch unverfängliche Themen: Das Wetter! Niemand ist dafür verantwortlich und jeder kann ohne Vorbereitung etwas dazu sagen. Kein Wunder, dass Briten immer, wirklich immer, einige Worte über das Wetter fallen lassen, bevor sie zur Sache kommen. Allerdings sind ihre Maßstäbe nicht unbedingt die eines Kontinentaleuropäers. Was im Vereinigten Königreich als *a drop of rain* bezeichnet wird, ruft in Deutschland das Technische Hilfswerk auf den Plan. *Windy* kann bedeuten, dass man gerade die Büsche und Sträucher aus dem Vorgarten vorbeifliegen sieht. Nur die Neuseeländer sind in dieser Hinsicht noch abgebrühter: Solange man noch aufrecht stehen kann, ist das Unwetter nicht so schlimm, als dass man darüber große Worte verlieren müsste: »*Nice weather, eh?*«

Mit solch einem Understatement fährt man übrigens weltweit ganz gut: Sich in der Sahelzone oder im Nahen Osten über Regen zu beschweren wäre gelinde gesagt genauso befremdlich, wie an der Nordseeküste über den ständigen Sonnenschein zu klagen.

Leider gibt das Wetter, bei allem Willen zu meteorologischen Tiefendiskussionen, nur wenige Minuten Small Talk her. In der Folge entscheiden sich viele Reisende für typische Themen des Gastlands. Gerne mögen es die Einheimischen – auch das ist ein Tipp aus diversen Ratgebern –, wenn man sich für ihre Kultur interessiert. Doch Achtung vor unbedachten Bemerkungen und vermeintlichen Selbstverständlichkeiten: Eigen- und Fremdwahrnehmung kollidieren hier gerne.

Während Rumänen sich winden und quälen, wenn man sie mit anderen Osteuropäern – Slawen – in einen Topf wirft, staunt der Besucher ob ihrer Eigeneinschätzung: »Latinos natürlich!« Immerhin ist es gut 2000 Jahre her, seit der letzte Römer in Rumänien etwas zu sagen hatten, auch wenn das Rumänische zu den romanischen Sprachen zählt… Auch Griechen, die mit stolzgeschwellter Brust auf ihre jahrtausendealte Geschichte verweisen, wollen nicht gerne daran erinnert werden, dass die Kulturdichte in ihrem Land in den letzten ein- bis zweitausend Jahren im Vergleich zur Blütezeit ein wenig nachgelassen hat.

Nur Neuseeländer sind immer froh, wenn man ihr Land kennt und wenigstens auf rund tausend Kilometer genau lokalisieren kann. Ihre größte Angst ist es, von der Welt gar nicht erst wahrgenommen zu werden. Als Vorbild, wenn es um Small Talk geht, taugen sie allerdings nur begrenzt. In Neuseeland ist Basteln Trumpf – auf jeder Ebene und wahrscheinlich sogar bei einem Ministertreffen. Do it yourself (DIY) schlägt alle Themen um Längen! Fragen zum Küchenumbau, dem Flicken von Zäunen oder gefachsimpelte Unterhaltungen über die Vorzüge bestimmter Werkzeuge sind garantiert immer ein Eisbrecher. In China käme man damit nicht weit – warum sich selbst die Finger schmutzig machen? Auch die gehobene Mittelschicht Afrikas ist froh, genau jener Flickerei endlich entkommen zu sein, und zeigt wenig Ehrfurcht vor einem perfekt gebauten Schafszaun.

So blamieren Sie sich richtig!

Besonders schnell lassen sich langweilige Gespräche mit der Erwähnung lokaler Ortsnamen aufpeppen. In Japan, China und Taiwan ist die Frage »Wem gehören eigentlich die Diaoyu-Inseln?« nicht nur ein vielversprechendes Thema, durch die Wortwahl lassen sich auch sonst eher distanzierte Asiaten zu leidenschaftlichen Plädoyers hinreißen: Benutzen Sie einfach in Taiwan und China den japanischen Ausdruck Senkaku und umgekehrt in Japan unbedingt den chinesischen Namen Diaoyu. Das weist Sie nicht nur als Fachmann oder Fachfrau in dieser Frage aus, sondern verkürzt auch langwierige Gespräche auf ein angenehmes Maß. Alternativ sprechen Sie im Iran vom Arabischen Golf und in den Emiraten vom Persischen Golf oder von der Japansee in Korea sowie von der Koreasee in Japan.

Neben der Themenwahl selbst bietet auch die Gesprächsebene viel Potenzial für Missgriffe. Denn wie viel Distanz oder Nähe sind angemessen? In Großbritannien und den Niederlanden gelten Deutsche als verklemmt, weil sie nach dem dritten Bier nicht alle Hemmungen fallen lassen (Großbritannien) und die Hose gleich mit dazu (Holland). In den romanischen Ländern wiederum weiß man das deutsche Faible für Vertraulichkeiten wenig zu schätzen: Intime Geschichten, lustige Anekdoten von Reisedurchfall und Plumpsklos, anzügliche Episoden aus der eigenen Jugend ... das ist nichts für den Franzosen oder Italiener. Auch im Norden Europas, wo die unglaublich lockeren Skandinavier wohnen (so das deutsche Bild), staunt man nicht schlecht über die Bereitwilligkeit, nach zehn Minuten Kennenlernen gleich die lange und dreckige Scheidungsgeschichte auszubreiten. Vielleicht lassen sich viele Deutsche einfach von der vermeintlich legeren Art des skandinavischen Duzens ins Bockshorn jagen. Andersherum ist es für Nicht-Deutsche schwer zu verstehen, dass man sich vormittags in einer internationalen Runde auf Englisch als Herbert und Heinz angeredet, nachmittags auf Deutsch jedoch selbstverständlich immer noch per Sie ist.

Überhaupt ist der Umgang mit Sie und Du so eine Sache: In Frankreich zu früh vom Sie zum Du zu wechseln ist Fettnäpfchen-technisch genauso vielversprechend, wie in Norwegen hartnäckig zu siezen. Dass man in Großbritannien keine Probleme damit hat, liegt schlicht daran, dass das »Du« im

Laufe der Zeit einfach aus dem Sprachgebrauch verschwand, das »You« also eher unserem »Sie« entspricht.

Dass man diese Unterscheidung gar nicht braucht, um Hierarchien klar und deutlich herauszustellen, lässt sich in Indien wunderbar beobachten. Generell herrscht hier ein überaus höflicher Ton, stellt der Westler fest. Und traut seinen Ohren nicht, wenn der indische Gesprächspartner inmitten einer äußerst angenehmen Unterhaltung am Handy plötzlich einen niedriger gestellten Angestellten mit wilden Flüchen und Drohungen belegt, nur um Millisekunden später wieder in die gepflegte Konversation einzusteigen. Hier eine kleine, fast willkürliche (aber echte!) Kostprobe eines virtuosen Wechsels, wie man ihn zum Beispiel auf einer internationalen Messe am Stand erleben kann:

> Herr Pandit: *Frau Mayer! Schön Sie zu treffen! So lange nicht gesehen.* (Handy klingelt): *WHAT! What the fuck! I told you to go to the office directly! I'm gonna stuff my foot up your arse when I'm back. (legt auf)*
> *Ja, Frau Mayer … Möchten Sie einen Kaffee? Mit Milch und Zucker?*
> (Handy klingelt wieder): *YOU IDIOT, just bloody do what I told you. I don't have time for stupid questions, I am busy!* (legt auf)
> *Bitteschön, Ihr Kaffee. Wie geht es Ihnen? Was machen die Geschäfte?*
> (Handy klingelt wieder): *BUGGER OFF! You wanna survive the day you stop calling me all the time, just do what you are told.* (legt auf)
> *Also, Frau Meyer, ich hätte da eine nette Idee für eine Zusammenarbeit …*

Was der freundliche Herr Pandit seinem Angestellten sagen will, ist relativ deutlich (und dürfte jenem nach einiger Gewöhnung zum einen Ohr hinein- und zum anderen herausgehen). Spontane Gespräche im Reiseland, zum Beispiel eine nette Unterhaltung im Supermarkt, erweisen sich dagegen oft als Buch mit sieben Siegeln: Wie ernst ist es dem Einheimischen mit der Verbrüderung? »Aus Deutschland – wie interessant! Kommt doch zum Essen vorbei, wir grillen heute Abend!« Dieser Satz bedarf beispielsweise in Neuseeland und in den USA höchst unterschiedlicher Auslegung. Während der Neuseeländer schon fast beleidigt wäre, schlüge man die Einladung ohne guten Grund aus, windet sich manch ein US-Amerikaner, wenn die im Affekt Eingeladenen abends wirklich vor der Tür stehen. In Burundi oder Zaire (wenn man denn hinfahren würde) gäbe es keine Zweifel: Natürlich gilt die Einladung!

Achtung!

Dank der »political correctness«, kurz PO, hat es die amerikanische Gesellschaft im letzten Jahrzehnt geschafft, die Zahl der Fettnäpfchen zu vervielfachen. Was in Deutschland noch als dreckiger aber lustiger Witz durchgeht, zieht in den USA eventuell schon eine Klage wegen Belästigung nach sich. Amerikaner tun sich daher in internationaler Runde manchmal etwas schwer, wenn nach drei Bier oder Wein die Zeit der schlüpfrigen Pointen schlägt. Könner nutzen die PO jedoch virtuos und erklären einfach alle unangenehmen Themen als in der Heimat »politically incorrect«. Soll man ihnen doch erst mal das Gegenteil beweisen!

Hallo, Fettnapf?

Fettnapf 9: Laut telefonieren | **Fettnapf 10:** Sich über laute Telefonate echauffieren | **Fettnapf 11:** Sag's per SMS

Um sich kapital danebenzubenehmen, braucht man keinen direkten Kontakt: In den richtigen Händen kann auch ein Mobiltelefon ordentlichen Schaden anrichten! Zum Beispiel indem man mit einem in die Ferne gerichteten Blick und unzusammenhängende Sätze ausstoßend durch die Fußgängerzone schlendert. Könner mit Hang zur Dramatik unterstreichen das Gestammel dazu noch mit viel Gestik und bleiben hier und da überraschend stehen. Weil man Freisprechanlagen in der Regel erst aus allernächster Nähe sehen kann, war dieses Verhalten noch vor wenigen Jahren ein sicheres Ticket in die nächste Klapse. Heute geht es bestenfalls noch als gesellschaftlicher Fauxpas durch. Ganz nebenbei stellt sich in Anbetracht solcher Szenen allerdings die Frage: Warum machen sich diese Menschen die Mühe, sich mit besonders kleinen und diskreten Kopfhörer auszustatten, wenn sie dann doch mit 80 Dezibel über die Straße plärren und damit alle Aufmerksamkeit auf sich ziehen?

Wer sich in dieser Hinsicht ausleben will, ohne die bösen Blicke der Passanten zu riskieren, ist in China richtig: Schließlich gibt es hier mehr Handys als Einwohner und damit großes Verständnis dafür, dass Menschen ohne Handy quasi sozial amputiert sind!

Vom Verkehrspolizisten, der mitten auf der Kreuzung alle

Bewegungen für ein kleines Telefonat einstellt, bis hin zum Marathonteilnehmer, der auf Kilometer 12 den Zwischenstand an die heimische Familie durchgibt, ist alles völlig normal. Und wenn die Psychotherapeutin zwischen zwei dramatischen Kindheitserinnerungen schnell mal zum Hörer greift und den Kindern daheim Hausaufgabeninstruktionen durchgibt, warten die Patienten verständnisvoll. Auf dem Weg nach Hause werden diese nämlich genauso ergeben am Handy kleben, schnell die letzten SMS checken und wie alle anderen U-Bahn-Passanten mit gesenktem Kopf auf die Bahn warten. Nicht aus Müdigkeit oder Scham (viele Menschenmengen wirken in Fernost, als hätte man sie kollektiv bei etwas kolossal Peinlichem erwischt), sondern weil sie ja sonst nicht so schnell simsen könnten. In Taiwan nennt man diese Generation von Handynutzern die *Face-down-Generation*.

Von der Umwelt lässt man sich in Fernost sowieso nicht ablenken: Keine Autobahnraststätte ist zu laut, keine Sägemaschine zu kreischend, als dass man daneben nicht trotzdem ein Telefonat führen könnte – alles eine Frage des Willens und der Stimmkraft. Wer sich diese Haltung im Ausland angewöhnt, kann in Europa übrigens ganz wunderbar damit auftrumpfen. Und anders herum: Wer sich in Fernost über laute Telefonate oder das permanente Gesimse beschwert, wird schnell selbst zum Störenfried, ja sogar zum Kulturimperialisten: Will der Ausländer am Ende am Grundrecht auf gebrüllte Telefonate sägen? Geht's noch?

Das Argument, man wolle nicht mit den schmutzigen Details aus dem Privatleben Fremder behelligt werden, zieht ja im Ausland sowieso nicht und ist auch im Inland schamlos gelogen. Nehmen wir den folgenden Beispiel-Dialog:

(Klingelton)
Ja, hier Sabine?
(Murmel, Murmel)

Ha, da staunst du, was? Hättest du nicht gedacht, dass ich das mache, oder?
(Murmel, Murmel)
Nein, ich komme nicht zurück, mich siehst du nie wieder! Geh doch zu deiner anderen Schlampe!
(flehendes Murmel, Murmel)
Ach rutsch mir doch den Buckel runter.
(Sabine legt auf)

Das wirklich Schlimme an solchen Dialogen ist doch, dass man niemals die Details und den weiteren Verlauf des Dramas erfahren wird: Wer ist der Mann, wieso verlässt sie ihn, und hat er wirklich schon eine andere, der schamlose Frauenheld? Oder wird sie am Ende wieder schwach? »Nun sag schon!«, will man ihr zurufen und dabei wenigstens mal ganz genau hinsehen, wie Sabine eigentlich aussieht, muss aber leider anstandshalber so tun, als hätte man den ganzen Dialog überhaupt nicht gehört. Auch Gespräche, in denen es um Millionen von Euro geht, sind eigentlich immer viel zu früh zu Ende.

Dass so viele Menschen ihr Privatleben in der Öffentlichkeit ausbreiten, hat sicher auch damit zu tun, dass sie es im privatesten aller privaten Verkehrsmittel, dem Auto, nicht mehr ohne Freisprechanlage tun dürfen. In vielen Ländern der Welt steht darauf eine Geldstrafe. So auch in Japan, wo in regelmäßigen Abständen kleine Standstreifen am Straßenrand für geeignete Telefoniermöglichkeiten sorgen. Dass sie ausgerechnet *Moshi-Moshi-Pitto* heißen, sorgt bei Ausländern, die dahinter schnellen Sex auf dem Rastplatz vermuten, für Amüsement und Enttäuschung gleichermaßen. Das Aufregendste, was man an diesen Orten trifft, sind Geschäftsleute mit Handy am Ohr, die auf eindeutige Angebote eher ungehalten reagieren. *Moshi-Moshi* ist nämlich schlicht der Kurz-Gruß, mit dem man in Japan das Telefonat beginnt, während *pitto* das amerikanische »pit«, also die Formel-1-Box nachahmt.

In der Alten Welt lassen sich mit dem Handy zudem noch viele peinliche Momente per Klingelton generieren. Vor allem im Kino, Theater und natürlich bei Gottesdiensten (die zählen doppelt und werden nur noch von Beerdigungen getoppt) kommt eine fröhliche Melodie zur rechten Zeit immer gut an.

So blamieren Sie sich richtig!

Laden Sie sich für Auslandsreisen doch einfach die Nationalhymne oder bekannte Folklore des jeweiligen Landes-Erzfeindes als Klingelton aufs Handy. So dürften eingängige hebräische Melodien wie Hava Nagila im Iran, in Pakistan und Ägypten dafür sorgen, dass Sie aus der gesichtslosen Masse der Touristen hervorstechen und viele neue Bekannte finden. Für einen europäischen Probelauf bietet sich bei einer Hollandreise das Lied »Orange trägt nur die Müllabfuhr« an.

Telefonieren im Landeanflug dagegen ist erwiesenermaßen eher ungefährlich – schließlich erbringen die Chinesen seit mehr als zwei Jahrzehnten im landesweiten Dauerversuch den Beweis, dass es geht. Nur der Pilot sollte sich in dieser Hinsicht im Griff haben.

Besonders heikel ist demgegenüber das Texten unterwegs, vor allem wenn man später dem freundlichen Verkehrspolizisten erklären muss, wieso man auf gerader Strecke gegen den einzigen Baum am Straßenrand geprallt ist. Immerhin sterben laut einer US-amerikanischen Studie in den USA mittlerweile mehr Teenager an den Folgen von SMS-Texting am Steuer als durch Alkohol im Straßenverkehr: Rund 3000 Jugendliche finden zwischen *hello* und *lol* ihr Ende auf der Landstraße, während Trunkenheit am Steuer »nur« 2700 Todesfälle pro Jahr verursacht.

Wem SMS unterwegs als Nervenkitzel nicht genügen, hier

noch ein Rat: Auch jenseits der Straßen lassen sich mit dem Handy oder iPhone weltweit Frontalkollisionen verursachen: Zum Beispiel, indem man bei wichtigen Beziehungsgesprächen zwischendurch SMS beantwortet, E-Mails checkt oder schnell mal bei Facebook nach dem Rechten schaut.

Von Kopf bis Fuß: Böse Körperteile

Fettnapf 12: Die linke Hand benutzen | **Fettnapf 13:** Nur die rechte Hand benutzen | **Fettnapf 14:** Den Fuß benutzen | **Fettnapf 15:** »Hatschi!«

Mittags um zwölf im Restaurant: Der Mann am Nachbartisch sucht den Salzstreuer? Der ist schnell herübergereicht, so ein Problem löst man doch mit links! Dumm ist, wenn man dies im arabischen Raum wortwörtlich tut. Die linke Hand gilt hier als unrein, und mag man den Erklärungen für diese Regel glauben, dann ist sie es tatsächlich: Mit ihr wischt man sich im Orient und in Indien auf dem Klo den Hintern ab. Ob und wie viele Menschen dies wirklich noch praktizieren und in wie vielen Fällen nach dem Toilettengang eine ordentliche Seife zur Verfügung steht, gehört zu den Hintergrundinformationen, die man eher nicht erfährt und eigentlich auch gar nicht wissen will.

Auf jeden Fall steigt man in Europa mit einer anständigen linken Hand in den Flieger und verlässt ihn im Nahen Osten mit eingebautem Klopapier wieder. Quasi.

Leider vergessen wir Westler das immer wieder. Doch auch all jenen, die ihre Hausaufgaben gemacht haben und daher bereits wissen, wie es generell um die Linke bestellt ist, stellt sich die Frage: Was darf man denn nun genau mit der Linken erledigen und was nicht? Darf man die Tür damit öffnen? Oder einen Stift reichen? Sich selbst damit über das verschwitzte Gesicht streichen? Oder hängt sie fortan nutzlos an der linken Seite des Körpers herum, bis man sie wieder gen Westen trägt? Und bedeutet das gleichzeitig, dass die Rechte immer sauber ist?

Mit den verschiedenen Köperteilen ist es ein echtes Kreuz im Ausland. Denn welche Extremität wo als unrein oder unfein gilt ist regional höchst unterschiedlich. In Thailand beispielsweise gehören Füße zu den Pfui-Regionen: Wer sich im Tempel bequem am Boden niederlässt und die qualmenden Mauken gen Buddha von sich streckt, riskiert einen scharfen Rüffel oder sogar einen Rausschmiss. Wie kann man nur! Der Anblick der Fußsohlen ist hier eine echte Zumutung – für Mensch und göttliche Wesen gleichermaßen. Übrigens auch, wenn diese gewaschen sind. Das Fuß-Tabu geht so weit, dass man es sich unbedingt verkneifen sollte, einen davonflatternden Geldschein mit einem schnellen Fußtritt aufzuhalten. Denn (Achtung, Gelegenheit zum Doppelfettnapf!) mit einem kleinen Schritt kommt man so nicht nur den 20 Baht näher, sondern eventuell auch dem Knast: Dummerweise ist auf sämtlichen Geldscheinen der König abgebildet, und ihn mit Füßen zu treten kommt einer Majestätsbeleidigung gleich. Dass diese unter Strafe steht (und zwar nicht zu knapp) vergessen Ausländer gerne – vor allem mit steigendem Alkoholkonsum.

Wie ernst man es in Thailand mit der Königsverehrung meint, sollte spätestens nach dem Blick in die Zeitungsarchive klar sein: Gefängnisstrafen von mehreren Jahren wegen Majestätsbeleidigung sind keine Seltenheit. Den letzten großen internationalen Skandal gab es 2011, als ein US-Amerikaner thailändischer Abstammung zu fünf Jahren Haft verurteilt wurde, weil er Teile einer unautorisierten Biografie des Königs Bhumibol Adulyadej ins Thailändische übersetzt und auf seinem Blog von Amerika aus veröffentlicht hatte. Zugegeben: Das hat wenig mit den Füßen zu tun, ist aber nicht minder skurril – in jedem Fall ist die Königsverehrung eine Steilvorlage für peinliche Situationen.

Mit ihrer ablehnenden Haltung gegenüber Füßen stehen die Thailänder im Übrigen nicht alleine da. Auch im Orient ist der Anblick der Fuß- oder Schuhsohlen ein echter Affront. Wie oft wir Westler sie herzeigen, ist uns meist gar nicht bewusst – zum Beispiel im bequemen Sitz, wenn ein Bein angewinkelt auf dem Knie liegt. Auch überschlagene Beine sollen angeblich das Risiko bergen, dem Gegenüber die Sohlen zu präsentieren. Sicher ist: An diesem Fauxpas ist schon manch ein Geschäft gescheitert. Für den Orient bleibt von allen Gliedmaßen damit nunmehr die rechte Hand als vollständig anständiges Körperteil übrig – alles in allem also ein Dreiviertelausfall!

Weniger als rituell anstößig, sondern vielmehr als zu freizügig gilt das Zeigen des nackten Beins in Indien. Während man als Frau die Fettpocke ganz ungeniert über den Rockbund des Saris quellen lassen darf, werden viele indische Männer kribbelig, wenn man im kleinen Schwarzen zum Geschäftstermin erscheint: MIT NACKTEN BEINEN! Rasiert oder nicht, das kann nur eine Einladung für ein kleines Tête-à-Tête sein, oder? Zumal westlichen Frauen ohnehin ein sehr freizügiger Ruf vorwegeilt.

Kolossal unangenehm auffallen kann man auch mit der bei uns üblichen Sitte, kleinen Kindern über den Kopf zu streicheln. »Was für ein süßer Wonneproppen«, gurrt der deutsche Tourist und tätschelt sich damit direkt ins soziale Aus. Den Kopf eines anderen zu berühren, stellt sich für Thailänder in etwa so dar, als würde man dem Nachbarn im Biergarten mal eben im Bauchnabel pulen. Eigentlich sogar noch schlimmer, denn der Kopf ist der Sitz der Seele, und die möchte man sich nun wirklich nicht von jedem befingern lassen. Apropos Finger: Die sind auch nicht immer erwünscht. So ist es in Ost- und Südostasien sehr unhöflich direkt mit dem Finger auf einen Menschen zu zeigen. Ersatzweise mit dem Fuß auf jemanden zu deuten, ist jedoch (Sie ahnen es schon) eine ganz schlechte Alternative. Im Grunde könnte man sich mit ein bisschen Mühe in Thailand von Kopf bis Fuß ins Fettnäpfchen legen.

Doch es gibt Hoffnung für alle, die ihre Hände und Füße nicht im Griff haben. Wie grundlegend sich Empfindungen bezüglich anstößiger Körperteile ändern können, lässt sich gut am Beispiel der Malediven zeigen: Noch vor hundert Jahren sahen die einheimischen Frauen auf vielen Inseln keinen Grund, ihren Busen zu bedecken, obwohl die Malediven ein moslemisches und tiefgläubiges Land sind. Wer jemals die feucht-klebrige Hitze der Malediven erlebt hat, weiß, welche Vorteile dieses freizügige (aber keinesfalls anzügliche) Modell bietet. Heute wäre diese Freizügigkeit in puncto Kleidung allerdings undenkbar.

Auf viel Verständnis außerhalb der eigenen Gemeinschaft stießen die maledivischen Klima-Adaptationen jedoch schon damals nicht. So soll der marokkanische Weltreisende Ibn Battuta zu Beginn des 15. Jahrhunderts bei seinem Besuch der Inseln mit Schrecken die nackten Brüste der Inselbewohnerinnen zur Kenntnis genommen haben. Ende des 17. Jahrhunderts versuchte der Herrscher King Siri Naakiree Sundhura, neben einer ganzen Reihe anderer strenger religiöser Regeln, auch den Schleier einzuführen. Es war wohl kein Zufall, dass er nach nicht einmal einjähriger Herrschaft an einer dubiosen Lebensmittelvergiftung starb. Noch in den 1960ern war der Schleier auf den Malediven jedenfalls kaum zu sehen, während unverschleierte Frauen heute aufgrund des gestiegenen Einflusses nahöstlicher Staaten auf manchen Inseln quasi Nudisten-Status haben.

Dass auch im restlichen Asien Menschen ihre Haut kaum schutzlos der Sonne aussetzen – Ganzkörper-Badeanzüge inklusive Ärmel und Beinkleid findet man ebenso an den

Stränden Chinas wie in Indien – hat dagegen meist keine religiösen Gründe. Helle Haut ist hier das Schönheitsideal schlechthin. Bleichende Cremes, Sonnenschirme und Nylon-Strumpfhosen sorgen dafür, dass kein Sonnenstrahl den hellen Teint ruiniert, der auch aus sozialen Gründen unbedingt erhalten werden muss. In Indien, Pakistan und Sri Lanka sind Heiratsanzeigen mit dem Charakteristikum »fair girl« gang und gäbe: Immerhin macht die Blässe so manch eine negative Eigenschaft wett. Was übrigens kein Relikt des Kolonialismus oder anderen westlichen Einflüssen geschuldet ist, sondern schlicht daran liegt, dass man sich eine gewisse Blässe nur leisten kann, wenn man nicht auf dem Feld oder auf dem Bau arbeiten muss. Umgekehrt zeugt ein anständiger Urlaubsteint in diesen Ländern von Bauerntum und einfacher Herkunft. Das aufrichtige Kompliment einer »gesunden Bräune« ist an Asiaten also völlig verschenkt. Genauso übrigens wie die asiatische Retourkutsche, man sei ja so schön hellhäutig und auch noch ordentlich beleibt, gerne gefolgt von einem liebevollen Kniff in die Bauchfalte oder den Hüftspeck (eine chinesische Spezialität, die schon manch einem Ausländer den Zugang zur chinesischen Kultur dauerhaft erschwert hat!).

So unterschiedlich der internationale Ansatz auch ist, wenn es um anstößige Körperteile geht, so einig ist man sich in fast allen Ländern der Welt: Die eigene Wampe ist es eigentlich immer. Bemerkungen wie: »Oh, hast du zugenommen« sind weltweit garantierte Volltreffer ins Fettnäpfchen, sieht man von einigen ländlichen Gegenden Afrikas ab, in denen der Mangel die Schönheitsideale vorgibt. Selbst in China, wo die Menschen angeblich – wenn man älteren Kulturführern Glauben schenken will – durchaus eine Schwäche für Dickerchen haben sollen, ist die schlanke Linie längst zum Schönheitsideal geworden. Verbrämungen der Sorte »Bei uns ist dick sein halt noch was Positives« wurden garantiert von Einheimischen in Umlauf gebracht, um folgenfrei über alle Besucher lästern zu können.

Außerdem, mal ehrlich: Es ist uns bei aller Völkerfreundschaft und Interesse an fremden Kulturen ziemlich egal, ob der ungeliebte Speck am Bauch, von dem man insgeheim hoffte, er sei mit dieser oder jener Hose noch gut zu kaschieren, nun in einem entlegenen chinesischen Dorf oder einer zentralafrikanischen Kleinstadt als Zeichen für Wohlstand rüberkommt. In Köln und München tut er es nämlich nicht, und da wir am Ende der Reise wieder genau dorthin müssen, sind Komplimente den Bauchumfang betreffend eigentlich nie freundschaftsfördernd.

Genauso wenig übrigens wie die Fehleinschätzung, wenn es um die angemessene Distanz zueinander geht. Die Frage, wie nah sich zwei Körper im unverfänglichen Gespräch kommen dürfen, wird international nämlich höchst unterschiedlich beantwortet. In Deutschland, den Niederlanden und Skandinavien empfindet man meist einen Abstand von rund 1,20 Meter als angenehm. Im arabischen Raum und in Nordafrika gelten jedoch kuscheligere Vorstellungen, was auf internationalen Partys und Meetings zum sogenannten Konversations-Tango führt: Während der europäische Gesprächspartner immer wieder mit kleinen Schritten zurückweicht, rückt der maghrebinische/arabische Part blitzschnell nach. Bis zur Wand, zum Tisch, zur Reling oder was sich sonst als finales Hindernis anbietet. Dann folgt die Tango-Wende: Der westliche Tänzer biegt sich nach hinten und flutscht zur Seite weg, woraufhin sich das Spiel in die entgegengesetzte Richtung wiederholt.

Allerdings haben auch Deutsche in manchen Belangen ein Distanzproblem. Beispielsweise was den Blick ins Wohnzimmer anderer betrifft. So kommt es den deutschen Besuchern in den Niederlanden sehr zupass, dass es die Niederländer hell und luftig in der Wohnung mögen, am besten *doorzonnig*, also komplett von einer Seite des Wohnzimmers bis zur anderen sonnendurchflutet. Viele Deutsche mögen das nämlich auch – durch die großen Fenster zur Straße hin, so ganz ohne Vorhänge, kann man prima einen ausgiebigen Blick ins Innere werfen. Und mal ehrlich, wer wollte nicht schon immer mal einen authentischen Einblick ins fremdländische Wohnzimmer oder (oha!) Schlafzimmer haben. Die Bewohner sitzen derweil vorm Fernseher und tun vor Wut schäumend so, als wäre nichts, oder malen inbrünstig an einem Schild »Bitte nicht glotzen«, wie man sie in Amsterdam und anderen touristischen Orten immer öfter sieht. Einen Deutschen kann dies natürlich nicht wirklich abhalten. Ein kurzer Blick wird schon erlaubt sein, die Leute sind schließlich selber schuld, wenn sie keine Gardinen haben …

Damit es umgekehrt nicht zu solchen Auf-die-Pelle-Rück-Versuchen kommen kann, haben deutsche Urlauber sich am Strand eine ganz eigene Methode ausgedacht: Die Errichtung von Mauern und Gräben. Natürlich nicht aus Stein und Stacheldraht, sondern aus Sand. Wer sein erobertes Stück Strand liebevoll ausgestaltet, zeigt nicht nur »Hier liegt ein Künstler!«, sondern auch, dass er nicht unbedingt auf Kontaktaufnahme aus ist. Während man in Deutschland diese Marotte pflegt und alle wichtigen Fertigkeiten dazu bereits früh an die Kinder weitergibt, sorgt die Beburgung des Strands in Holland und Frankreich für Stirnrunzeln: Warum tun Erwachsene so etwas?

Sollte es einem tatsächlich darum gehen, im fremden Land Kontakte von vornherein zu unterbinden, ist es weitaus vielversprechender – naturgemäß allerdings nur für Frauen – die Menstruation vorzutäuschen. Den meisten Frauen ist wahrscheinlich gar nicht bewusst, welche Potenz in den Monatsbinden steckt!

Während man sich im Westen damit begnügt, menstruierenden Köchinnen von der Mayonnaiseherstellung abzuraten (ein Relikt, das wir teilweise dem Wiener Wissenschaftler Bela Schick zu verdanken haben, der in den 1920ern das Menstruationsgift »Menotoxin« gefunden haben wollte, das menstruierende Frauen angeblich über die Haut ausschwitzen), geht man in vielen Kulturen Asiens und Afrikas ein ganzes Stück weiter. So dürfen in vielen ländlichen Gegenden Indiens Frauen während der Periode weder das Haus verlassen, noch sich am Wasservorrat selbst bedienen, der sonst verunreinigt würde. Auch die Küche ist in diesen Tagen tabu.

Das Volk der Mae Enga auf Papua-Neuguinea glaubt gar fest daran, dass der Kontakt mit Menstruationsblut bei Männern zu Krankheit und sogar Tod führt.

So blamieren Sie sich richtig!

Als Touristinnen sollten Sie das Gas-Spray zu Hause lassen, das macht sowieso nur Scherereien bei der Ein- und Ausreise, und lieber Kampf-Binden mitnehmen!

Was das Mitführen von Binden und Tampons betrifft, davon können Sicherheitsbeamte an internationalen Flughäfen ein Lied singen. Ganz besonders apart ist die folgende Tampon-Geschichte (Achtung Esser: Lieber später weiterlesen!), die am europäischen Zoll, ach was, überall am Zoll, viel Begeisterung hervorruft. Es ist nämlich so: Ein strenggläubiger Hindu darf keine Körperteile oder Blut im Ausland lassen bzw. auf ausländischem Boden vergießen – kein eigenes wohlgemerkt. Bei den Körperteilen ist das relativ einfach, schließlich ist man ja schon aus praktischen Gründen bestrebt, sie unversehrt wieder mit nach Hause zu nehmen. Mit dem Blut wird es für Frauen schon schwieriger, vor allem bei Reisen, die länger als vier Wochen dauern. Sicherheitsbeamte an internationalen Flughäfen – »Darf ich mal sehen, was in dieser Tüte ist?« – machen daher ab und an einen unschönen Fund im

Gepäck der kontrollierten Frauen. Vor allem Neulinge im Job tappen gerne in diese Falle.

Der Ekelfaktor »Körperabsonderungen« funktioniert aber auch in ost-westlicher Richtung: So ist es für Japaner ein echter Gräuel zuzusehen, wie sich Europäer durchs Leben husten und schniefen und ihre Viren nicht nur freizügig in der Luft verteilen, sondern dann auch noch jedem die Hand schütteln möchten – inklusive Viren und Bakterien. In Japan dagegen gehört es zum guten Ton, bei grippalen Infekten eine Maske zu tragen, um Kollegen und Mitreisende in der U-Bahn nicht anzustecken. In China und den umliegenden Ländern wiederum gelten Tempotaschentücher als absoluter Ekelfaktor, vor allem, wenn diese feucht-gerotzt wieder in der Handtasche landen. Stattdessen entledigt man sich lieber draußen auf der Straße mit einem lauten Rotzer des unangenehmen Schleims. Ausländer brauchen erfahrungsgemäß etwas länger, bis sie sich an diese Methode, aktiv und passiv, gewöhnt haben. Sobald diese Regel jedoch in Fleisch und Blut übergegangen ist, ergibt sich bei der Rückkehr in die Heimat die Gelegenheit, höchst unangenehm aufzufallen – diesmal nach deutschem Standard. Gleich doppelt punkten kann man übrigens in Schweden, wo feuchte Taschentücher und das versierte Weitrotzen gleichermaßen als ekelig gelten.

Du bist, was du trägst

Fettnapf 16: Zu viel Haut zeigen | **Fettnapf 17:** Zu wenig Haut zeigen | **Fettnapf 18:** Sich wie die Einheimischen kleiden | **Fettnapf 19:** Sich nicht wie die Einheimischen kleiden

Egal, wohin die Reise geht, Alt-Kolonialisten und Safari-Freaks tun sich leicht mit der Auswahl der passenden Kleidung: Hauptsache praktisch, am besten mit vielen Taschen, Fächern und Schlaufen, damit alle Utensilien griffbereit verstaut werden können. Und davon gibt es eine Menge! Schweizer Taschenmesser (natürlich das dicke mit Säge und Schere), Flaschenöffner, Kompass und Taschentücher müssen genauso mit wie die Wasserflasche und natürlich alle wichtigen Dokumente, Kartenmaterial, Handy und Notfalladressen. Kein Wunder, dass sich Safariwesten oft als wandelnder Albtraum für Flughafen-Sicherheitsbeamten herausstellen – und für all jene, die in der Schlange hinter deren Besitzern stehen.

Auch farblich gibt es in der Survival-Fraktion klare Präferenzen: Tarnfarben natürlich, falls man sich mal vor wilden Rhinozerossen, Rebellen, Soldaten oder anderen Gesetzlosen, wie aufdringlichen Animateuren und Straßenverkäufern, verstecken muss. Das dazu passende Schuhwerk hat mindestens so viel Profiltiefe wie ein ordentlicher Winterreifen und sicheren Knöchelhalt. Es könnte ja schließlich sein, dass man unterwegs anstatt eine gotische Kirche zu besuchen mal spontan den Mount Everest besteigen muss oder dass ein Fußmarsch von 80 Kilometern ansteht, weil man sich auf dem Weg zum Strand verlaufen hat.

Dieser rundum praktische Ansatz der Touristen mutet im Ausland mitunter ein wenig seltsam an. Chinesen und Vietnamesen kraxeln bis ins hohe Alter selbstverständlich in Badeschlappen auf die höchsten Berge und überholen dabei gerne auch mal fassungslose Safariwesten-Träger. Anstelle der Outdoorjacke mit 3000er-Wassersäule (was irgendwie mit der Wasserdichte zu tun hat und sehr professionell klingt, wenn man den Wert in einer Fachsimpelei unter Reisenden exakt nennen kann) trägt man in Asien einen Regenschirm. Und ja, das geht ganz wunderbar, auch im Gebirge, wie die mit Regenschirmen bewaffneten Menschenmengen auf den dann doch nicht so einsamen Gipfeln eindrucksvoll demonstrieren.

Der geradezu zwanghafte Einsatz von trekkingtauglichem und atmungsaktivem Material ist eine klassische Krankheit, die Mitteleuropäer und US-Amerikaner bereits von Weitem als solche auszeichnet. Mit wachsender Erfahrung sinkt allerdings die Bereitschaft der Reisenden zu Funktionswäsche. Was nicht zuletzt daran liegt, dass Outdoor-Outfits den nur für Einheimische sichtbaren Aufdruck »Bescheiß mich schamlos!« zu tragen scheinen. Markthändler in der Zweiten und Dritten Welt lieben diese Kleidung daher, es ist ja auch praktisch, wenn sich naive Europäer mit großem Portemonnaie gleich auf den ersten Blick als solche zu erkennen geben.

Alternativ zum Pfadfinderlook haben wir Deutschen (und noch manch andere mitteleuropäische Nationalität) noch eine weitere, vom Gastland völlig unabhängige Methode gefunden, uns von der Menge abzuheben und zugleich modisch knöcheltief ins Fettnäpfchen zu treten. Die klassische Variante dieses Fauxpas besteht in einer stilsicheren Kombination aus kurzer Hose auf halber Oberschenkelhöhe,

Träger-T-Shirt oder Feinrippunterhemd, bis zum Anschlag hochgezogenen Socken (gerne in gedeckten Farben, um einen Maximal-Kontrast mit den bleichen Stachelbeinen zu bewirken) in offenen Sandalen oder (britische Variante) in Badehosen und Tennissocken. Farblich wirken diese Kombinationen gerne, als habe man die Kleider im Dunkeln zusammengesucht.

Wer so im Ausland unterwegs ist, braucht sich keine Sorgen zu machen, dass er allzu viele langweilige Gotteshäuser betreten muss. In moslemischen Ländern mag dies, trotz extrastrenger Kleiderregeln, noch weniger ein Problem sein – so hat man es sich beispielsweise in Brunei, Malaysia und auch im arabischen Raum zur Gewohnheit gemacht, am Eingang der Moscheen bodenlange Gewänder an die Besucher auszugeben, die Bierbauch, Zellulitis und andere Schwachstellen komplett verhüllen. Wer den Vatikan besuchen will, muss allerdings schon selbst dafür sorgen, dass er nach langem Schlangestehen nicht doch noch wegen freier Schultern oder kurzer Hose abgewiesen wird.

Nur in Ostasien ist es vergleichsweise egal, wie man sich im Tempel präsentiert. In buddhistischen Tempeln regiert noch ein Rest von Kleideranstand, das heißt im Bikini könnte es sprichwörtlich knapp werden. Im klassischen chinesischen Tempel hingegen muss man schon richtig innovativ werden, um negativ aufzufallen: Da hilft nur nackt anrücken.

In Indien wiederum hat man im Prinzip nichts gegen nackte Körperpartien einzuwenden, es müssen nur die richtigen sein. Hier zeigt Frau gerne Bauch, vorzugsweise viel und üppig (manches, was dort ungeniert über die Sari-Kante quillt, wäre hier eine klare Einladung zu den Weight Watchers). Bein und Ausschnitt sind dagegen tabu. Kommen Sie jetzt aber bloß nicht auf die hirnrissige Idee stattdessen zum Sari zu greifen! Gutmenschen und Adaptionisten sind Spezialisten in dieser Disziplin: Welche Hose und welches

Tuch den Körper zieren, ist bei ihnen geradezu eine politische Frage und sich wie die Einheimischen zu kleiden gilt als Solidaritätsbekundung bzw. als eine Art Freundschaftsangebot auf gleicher Augenhöhe. Schade, dass man dies im Ausland oft gar nicht so recht zu schätzen weiß. Es ist nämlich so: Egal ob indischer Sari, pakistanischer Salwar Kamiz oder japanischer Kimono – nur ganz wenigen ist die Grazie gegeben, sich damit bewegen zu können.

Im Fall des Kimonos braucht man außerdem die nötigen finanziellen Mittel. Ein echter Kimono kann gerne mal mehr als 10 000 Euro kosten – dies ist also kein Gewand, mit dem man Kaffee trinken oder Spaghetti mit Tomatensoße essen möchte. Außerdem ist es nahezu unmöglich, einen Kimono ohne langwierige Einführungskurse (wir reden hier von Wochen, nicht Stunden!) anzulegen. Die billige Variante, der Yukata, bereitet zwar weniger Probleme, sieht im Gegenzug an uns Westlern aber gerne nach Bademantel aus. Und ganz so abwegig ist dieses Bild auch nicht: In japanischen Kurorten erkennt man die Gäste der jeweiligen Hotels an Farbe und Muster des Yukata, der natürlich auch auf der Straße getragen wird. Für uneingeweihte Westler wirken die entspannten Spaziergänger allerdings eher wie die Insassen einer Anstalt, denen kollektiv die Flucht gelungen ist. Der entspannt-verzückte Gesichtsausdruck, den viele Onsen-Besucher nach dem Badegang aufweisen, tut sein Übriges dazu. Und auch die Tatsache, dass der eine oder andere Badegast gerne mal den Waschlappen auf dem Kopf vergisst, gibt dem westlichen Betrachter Rätsel auf – nur wer selbst schon ratlos am Beckenrand gestanden und gebrütet hat, wo man den feuchten Lappen nun am besten ablegen könnte, versteht, wie es zu dieser skurrilen Lösung kommen kann.

Gerade die Japaner gelten im Alltag als steif und immer korrekt gekleidet – ein Vorurteil, das ihnen wahrscheinlich ein frustrierter Ausländer angehängt hat, der sich schlicht nicht in einen Onsen-Kurort traute. Eine vergleichbare Nonchalance als Kontrast zu einem sonst eher steifen Alltag legen nur noch die Briten an den Tag. Immer höflich und ordentlich, sehen Engländer und Waliser trotzdem keinen Grund, den Gang zum Tante-Emma-Laden aufzuschieben, nur weil man noch in Bademantel und Lockenwickler gekleidet ist. Dies ist übrigens auch eine gute Gelegenheit, um als Englandreisender so richtig unangenehm aufzufallen: Begegnet Ihnen ein solch salopp gekleideter Brite: unbedingt stehen bleiben, ausgiebig gucken und am besten noch ein Foto machen!

Dieses Beispiel zeigt: Für Unterschiede in der Garderobenordnung und die dazu passenden Gelegenheiten, sich anständig zu blamieren, muss man nicht weit reisen. Schon auf der anderen Seite des Ärmelkanals finden sich zahlreiche seltsame Regeln: Braune Anzüge sind dort im Geschäftsleben eher unüblich, die Krawatte gehört jedoch immer dazu, auch wenn die Belegschaft nach Büroschluss noch im Pub landet. Selbst die Auswahl des Krawattendesigns kann den Mitteleuropäer vor Probleme stellen: Bestimmte Farb- und Streifenkombinationen legen Club-Mitgliedschaften oder bestimmte Internatszugehörigkeiten nahe und ruck zuck wird aus Herrn Mayer so ein Ex-Schüler des Broughton College oder des Lion Clubs Exeter. Bei der Schuhwahl gilt zudem die Regel »No brown after six«. All dies allerdings nur bis nach dem fünften Bier. Danach ist es egal, in welcher Anzugfarbe man durch die Straßen torkelt und ob man auf braune oder schwarze Schuhe kotzt.

Genau umgekehrt lautet die Grundregel für Norwegen: Im Büro herrscht ein lockerer Kleidungsstil, Männer mit Krawatte sehen in den Augen der Belegschaft hier einfach nur affig aus – oder eben wie der deutsche Besucher, der mit Anzug und Schlips aus der Menge sticht. Gut, wenn sich der Reisende gleich daran gewöhnt, denn abends geht es ihm nicht besser: Passt er sich an und geht am Abend in Jeans und T-Shirt ins Restaurant, stellt er mit Überraschung fest, dass sich Norweger abends richtig rausputzen – gerne auch mit Krawatte …

Einfacher haben es Frauen beim Besuch Saudi-Arabiens und des Irans: Im Grunde ist es egal, was man trägt, denn in Saudi-Arabien ist das schwarze Vollkörpergewand Abaya in der Öffentlichkeit Pflicht. Auch für Ausländerinnen! Im Iran heißt es Kopftuch tragen: Haare, Arme und Beine müssen bedeckt sein und Röcke sollten mindestens bis zur halben Wade reichen.

Vorsichtshalber immer gleich alle Haut zu verstecken, ist aber auch nicht überall die richtige Lösung, denn zu wenig Eifer bei der Körperpräsentation kann auch negativ aufstoßen. Am Strand zum Beispiel. Und zwar nicht etwa in der FKK-Sektion, nein, an einem ganz normalen Strandabschnitt in Brasilien, wo Bindegewebsschwäche und üppige Polsterung noch lange kein Grund sind, die Fülle nicht trotzdem in einen Tanga zu klemmen, der dem Belastungstest gerade noch so gewachsen ist. Wer hier im Badeanzug oder Tankini am Strand entlangflaniert, zieht überraschte Blicke auf sich – wie kann man nur so bescheuert herumlaufen!

Auch die Frage, in welcher Farbe man sich kleidet, ist keinesfalls reine Geschmackssache. Vor allem in heißen südlichen Ländern, wie zum Beispiel in Griechenland oder Italien, wird der coole europäische Schwarz-Look von den Einheimischen eher als befremdlich empfunden: Der arme Besucher trägt wohl Trauer!

Doch auch farbige Kleidung birgt die eine oder andere Steilvorlage für Missverständnisse. So ziemlich jede Farbe ist irgendwo auf der Welt Trauerfarbe – nur welche ist das jeweils wo? Auch kann die Kleiderfarbe schnell falsche Assoziationen wecken, was die Berufszugehörigkeit betrifft: Ein roter

Minirock und dazu ein knappes rotes Oberteil? Wundern Sie sich nicht, wenn in China die Autos am Straßenrand reihenweise anhalten: Rot ist hier die Farbe der Prostitution. Zu peinlichen Missverständnissen kann auch die Tatsache führen, dass Grün in deutschen Krankenhäusern die Farbe der Chirurgen ist, in Peru aber generell die Farbe der Putzkräfte. Wer sich wiederum in China eine grüne Mütze aufsetzt, der erntet ganz sicher süffisantes Grinsen der Einheimischen. Der Ausdruck »eine grüne Mütze tragen« bedeutet hier, vom Ehepartner betrogen zu werden. In Malaysia wiederum ist nicht Rot sondern Grün die Farbe der Gefahr.

Um solcherlei Farb-Fettnäpfchen zu umgehen, hier einige internationale Farb-Bedeutungen:

Trauer/Tod

Birma, Äthiopien, Mexiko (regional): Gelb
Kolumbien, Korea, Ägypten, Mexiko (regional): Blau
Brasilien, Thailand, Indien (Witwen): Lila
Indien (generell): Weiß
Ghana, Südafrika: Rot
Ägypten: Orange
Südamerika (regional): Grün
Ostasien, Naher Osten: Naturweiß
Nigeria: Weiß
Ruanda, Papua-Neuguinea: Grau
Westen, Iran: Schwarz

Reinheit

Indien: Rot
Westen: Weiß
Kolumbien: Blau
Ägypten: Lila

Farbe des Königs

Brunei (Sultan), China (Kaiser): Gelb
Niederlande (Königsfarbe sowie Nationalfarbe): Orange
Westen: Lila

Religion

Irischer Protestantismus: Orange
Irischer Katholizismus: Grün
Buddhismus: Orange
Hinduismus: Orange/safrangelb
Islam: Grün

Achtung!

Machen Sie sich als Frau nicht allzu viele Illusionen über die Signalwirkung adäquater Kleidung. Egal, was Sie anhaben und welche Farbe Sie tragen: Blonde und brünette Frauen sind allesamt leicht zu haben, glaubt man in Pakistan und Marokko ganz sicher zu wissen, und auch in Indien herrscht das weitverbreitete Vorurteil, dass es einfach nur genügend Hartnäckigkeit braucht, bis sich die Ausländerin nackig macht – und das selbstverständlich auch im Nebenzimmer eines Bazargeschäfts.

Herrgott-Scheiß-Fettnapf noch mal!

Fettnapf 20: Fäkal fluchen | **Fettnapf 21:** Sexuell fluchen | **Fettnapf 22:** Sakral Fluchen

»Pizda ma ti!« So oft, wie dieser Ausdruck in einer ganz normalen rumänischen Unterhaltung fällt, kann er eigentlich nicht anstößig sein. Biederen Hausfrauen und einfachen Arbeitern rutscht er genauso leicht über die Lippen wie Professoren und Literaten, wenn es darum geht eine Aussage zu unterstreichen oder Unmut auszudrücken. Der Blick ins Wörterbuch freilich enthüllt Überraschendes: »Die Fotze deiner Mutter« heißt der Ausdruck übersetzt. Oha. Ohne mit der Wimper zu zucken werden Nachrichten, Tagesgeschehen und Gerüchte mit diesem Beiwerk versehen oder ganz normale Botschaften unterstrichen. Sind denn alle Rumänen ordinär bis auf die Knochen? Natürlich nicht, oder zumindest nicht mehr oder weniger als Deutsche, Franzosen oder Italiener. Nur schimpfen sie eben anders. Neben der Frage, ob man überhaupt zu Schimpfwörtern greift – und es gibt keine natürliche Sprache der Welt, die nicht ein ordentliches Repertoire an Vulgärem vorweisen könnte – stellt sich immer auch die Frage, wie genau man schimpft.

Der Deutsche greift in schwierigen Situationen mit Vorliebe zur Fäkalsprache. Wenn man mit einem Arschloch zu tun hat, dann ist das einfach Kacke oder Scheiße. Spanier, Italiener, ja sogar Holländer, die des Deutschen mächtig sind, finden solche Ausdrücke ziemlich ekelhaft. In diesen Ländern wird nämlich genital geflucht, was den einen oder anderen Deutschen zusammenzucken lässt – wie ordinär! Auch Holländern aller Bildungsschichten gehen die *Klootzak* oder *Kut* problemlos über die Lippen – Sie ahnen es schon, es handelt sich um den Sack und die Fotze. In Holland heißt es daher auch nicht »Leck mich am Arsch« sondern »Küss meine Eier« *(kus mijn kloten)*. Interessanterweise kann man sich auch hodig oder fotzig fühlen *(Ik voel me kloten, Ik voel me kut)*, eine Situation, in der sich der Deutsche wieder beschissen fühlt. Oder ihm ist gleich zum Kotzen zumute, eine interessante Unterform, die es nur in wenigen Sprache gibt – offensichtlich eine Körperöffnung, die beim Fluchen international gerne vergessen wird. Immerhin lassen sich Chinesen zu einem aufgeregten »Ich kotze Blut« hinreißen, wenn alles völlig den Bach hinuntergeht.

Sexuelle Schimpfwörter gibt es im Deutschen eher seltener, obwohl sich das eine oder andere unerkannt eingenistet hat. Hätten Sie zum Beispiel gewusst, dass das deutsche »mit Karacho« vom spanischen *carajo* abstammt, was wiederum ein recht ordinäres Wort für das männliche Genital ist? Wer sexuell flucht, tut dies auch im Deutschen gerne nach britischem Muster, also mit »fuck« oder »verfickt«, was jedoch eine direkte Übersetzung des englischen »fucked« scheint und eher ein neuer sprachlicher Import ist.

Eine dritte, wenn auch etwas seltenere Variante, ist die religiöse: »Fahr zur Hölle«, »Kruzifix« oder »Herrgott noch mal« heißt es auf Deutsch. Noch viel öfter als bei uns verwendet man in Schweden und Dänemark religiöse Anspielungen, die aus Sicht der Besucher fast schon harmlos wirken – vor allem wenn man sie mit den kernigen Sprüchen einer rumänischen Mutti vergleicht.

So blamieren Sie sich richtig!

Für den maximalen Effekt an Peinlichkeit, fluchen Sie in genau der Art, die im aktuellen Aufenthaltsort nicht üblich ist. Die folgende Tabelle hilft Ihnen dabei.

Vorrangige Arten des Fluchens

Sprache	fäkal	sexuell	sakral
Englisch		⊗⊗	⊗
Deutsch	⊗⊗	⊗	⊗ (kath. Gegenden)
Holländisch	⊗	⊗⊗	⊗
Französisch	⊗	⊗⊗	
Spanisch		⊗⊗	⊗
Italienisch		⊗⊗	⊗
Rumänisch		⊗⊗	
Chinesisch		⊗⊗	
Russisch	⊗	⊗⊗	
Arabisch		⊗⊗	⊗
Schwedisch			⊗⊗
Dänisch			⊗⊗

Neben den sprachlichen Herausforderungen, sich überhaupt einen vorzeigbaren vulgären Wortschatz im jeweiligen Land anzueignen, lauern auch soziale Fettnäpfchen. Natürlich ist es absolut nicht egal, wem man stolz die umgangssprachlichen Flüche vor die Füße wirft. Um nur ein Beispiel zu nennen: Entgegen des vielfach herrschenden Vorurteils sprechen nicht alle Amerikaner wie eine Bande pubertierender Hip-Hop-Musiker aus prekären Verhältnissen. Das locker eingestreute »Fuck« sorgt vor Ort für viel Aufruhr, und das nicht nur im gläubigen Bible Belt. Vor allem Austauschschüler erleben in den USA in dieser Hinsicht allerhand Überraschungen. Dafür muss man gar nicht unbedingt selber fluchen, auch mit dem Song der amerikanischen Lieblingsband lässt sich einiges bewirken – wer hört schon immer genau hin, was die Jungs und Mädels da eigentlich auf Englisch singen? Amerikanischen Gasteltern europäischer Schüler bleibt dann schier die Spucke weg, wenn sie zum ersten Mal die Playlist ihrer Schützlinge laut mithören. Maximale Effekte lassen sich beispielsweise mit dem Song »Bobby Brown« von Frank Zappa erzielen – versprochen! (Falls Sie den Text gerade nicht vor Augen haben, einfach mal im Internet nachschauen!)

Derartige Erfahrungen gibt es hier und da sogar im gleichen Sprachraum. Wie unterschiedlich die Vorstellungen von anständiger und unanständiger Sprache sind, mussten die Australier 2006 feststellen. Die völlig jugendfreie Tourismus-Kampagne, deren Werbefilm eine Abfolge von Stränden, Partys und Landschaften zeigte und mit der Aufnahme einer Bikini-Schönheit endete, die den Betrachter keck fragte »Where the bloody hell are you?«, musste in Großbritannien zeitweilig gestoppt werden, weil … das Wort *bloody* darin vorkam! Woher der Ausdruck »bloody« stammt, ist übrigens nicht geklärt – was aber recht interessant wäre, da das Adjektiv »blutig« auf den ersten Blick ja nun nicht gerade besonders unanständig oder abstoßend wirkt.

Die britische Abneigung gegen ordinäre Flüche führt allerdings keinesfalls dazu, dass man auf den Inseln nicht flucht. Ganz im Gegenteil. Nur schaffen es Briten (ebenso wie Amerikaner), aus vollstem Herzen zu fluchen, ohne irgendein unanständiges Wort in den Mund zu nehmen – und zwar dank der »minced oaths« (also quasi der *verhackstückten Flüche*): Wörter, die ähnlich klingen wie ein Fluch oder ein gotteslästerlicher Ausdruck, aber an sich keine beleidigende oder anstößige Bedeutung tragen. Aus *shit* (scheiße) wird so beispielsweise *shite, shoot* oder *sugar*. Klingt unbedenklich, aber jeder weiß, was gemeint ist.

Andere beliebte, weichgespülte Flüche sind:
Christ – crikey, cripes; Jesus – Gee; hell – heck; God – gosh, goodness; damn – darn, dang; God blame me – blimey; fucking – flipping, freaking, fricking, frigging; fuck – fudge; Jesus Christ – Geez Louise.

Gute Fettnapf-Momente ergeben sich auch, wenn Deutsche im Ausland lokalen Slang benutzen, verkennend, dass die verschiedenen Slangausdrücke an bestimmte Schichten gebunden sind. Das heißt im Klartext: Was in einer Jugendgruppe irgendwie cool klingt, hört sich am Familientisch schon weniger gut an. Auch verrät die wörtliche Übersetzung nicht immer verlässlich, welche soziale Sprengkraft ein Ausdruck wirklich besitzt. So klingt das Schimpfwort »towel head« (Handtuch-Kopf) in der deutschen Übersetzung ziemlich lasch, gehört aber zu den »lustigen Ausdrücken« die man besser NICHT benutzen sollte, wenn man mit arabischen oder indischen Menschen in Kontakt tritt. Wörterbücher sind in diesem Zusammenhang keine verlässliche Quelle. So lässt sich das spanisch/argentinische »La puta madre« als »Mist« übersetzen, wird aber der Sprengkraft der Originalübersetzung »Mutter aller Huren« eigentlich nicht gerecht – vor allem wenn man die neue Vokabel in einem streng gläubigen Umfeld verwendet.

Aber es gibt Hoffnung, immerhin beschäftigt sich sogar die Wissenschaft der Malediktologie mit dem Fluchen. Dabei geht es nicht nur um die Verwendung und Herkunft der Schimpfwörter, sondern auch um die Frage, wer diese wann verwendet. So ist kräftiges Fluchen in den meisten Kulturen eher eine männliche Angelegenheit. Was die Gesellschaft Männern noch als lustig oder kernig durchgehen lässt, klingt aus weiblichem Mund schon weniger akzeptabel. Lediglich in den Niederlanden und in Skandinavien stehen sich die Geschlechter in nichts nach, was im Norden aber auch schlicht daran liegen könnte, dass hier sowieso erstaunlich wenige wirklich vulgäre Schimpfwörter im Umlauf sind. Was allerdings nicht heißt, dass es nicht auch in den Niederlanden genügend Möglichkeiten geben würde, sich an unpassender Stelle mit ausgiebigem Fluchen in die Nesseln zu setzen. Immerhin gibt es ausgerechnet hier seit 1917 den *Bond tegen het vloeken* (Bund gegen das Fluchen), dessen biedere Plakate (Sprecht lieber miteinander, Fluchen ist unnötig!) mittlerweile fast schon Kult-Status haben.

So blamieren Sie sich richtig!

Für peinliche Effekte müssen Sie nicht ins Ausland fahren: Verwenden Sie zum Fluchen einfach mal einen Dialekt, den Sie nicht beherrschen. »Am Depp sei Soggehalder« oder »babbische Hannebambel« klingt aus unkundigem Mund gleich doppelt dämlich!

Können diese Hände lügen?

Fettnapf 23: Bekannte Gesten verwenden | **Fettnapf 24:** Unbekannte Gesten verwenden

Wo zum Teufel ist bloß die Bushaltestelle? Mit beiden Händen ein imaginäres Lenkrad umfassend und mit einem lauten *Brrm-brrm* steht der Rucksack-Tourist vor einer Gruppe anatolischer Senioren, die im Schatten eines Wellblechdachs ihre Wasserpfeife rauchen und die Darstellung mit unverhohlenem Interesse verfolgen. Mit großen Augen schauen sie dem offensichtlich durchgeknallten Ausländer zu. Was er wohl will? Ob ihm die Hitze nicht bekommen ist?

Seufzend hält dieser inne und zieht nach einiger Überlegung eine gebrauchte Busfahrkarte aus der Tasche. Seine linke Hand zur Faust geballt, den Daumen nach oben gereckt, streckt er den Alten abwechselnd das Ticket samt Bus-Abbildung und dann wieder den Top-Daumen entgegen. So schwer kann das doch nicht sein! Den Pfeiferauchern wird es zu bunt. Mit bösem Blick erheben sie sich und verlassen das Café: Sex mit einem Bus? Auch wenn die drei ahnen, dass dies vielleicht nicht die ganz korrekte Übersetzung des Schauspiels ist, die letzte Geste reicht völlig aus, um jegliche Hilfsbereitschaft im Keim zu ersticken: Wie ordinär!

Gestik spielt bei der Verständigung in fernen Ländern vor allem dort eine große Rolle, wo die üblichen Fremdsprachenkenntnisse wie Schulenglisch und Rudimentär-Französisch nicht mehr greifen – wer spricht schon fließend Arabisch, Bemba, Kantonesisch oder Laotisch!

Wenn die Einheimischen dann bei der Rezitation aus dem Sprachführer vor Lachen in die Knie gehen oder den dargebotenen Satz der Handy-App schlicht nicht lesen können, eignen sich Mimik und Gestik gut als schweigende Untertitel zum Gesagten. Nur für den Fall, dass die eigene Botschaft mit der Lautschrift doch nicht so korrekt rüberkommt.

Fast jeder Reisende hat eine lustige Geschichte zu erzählen, die davon handelt, wie er irgendwo am Ende der Welt fuchtelnd und winkend nach dem Bahnhof, Hotel oder Restaurant sucht. Allerdings nicht immer erfolgreich. Hier und da will es, wie im eingangs erzählten Beispiel, mit der Gestik so gar nicht klappen, denn auch sie ist in der Ferne völlig anders belegt als in der Heimat. Glaubwürdig kommen Gesten aber allemal rüber. Und das ist das eigentliche Problem: Weil der Mensch im Zweifelsfall einer Geste mehr Glauben schenkt als dem Gesprochenen, lassen sich selbst eindeutige verbale Aussagen mit einer unpassenden Bewegung spielend ins Gegenteil verkehren: »Eine echt intelligente Idee« zu sagen und sich dazu an die Stirn zu tippen, passt zum Beispiel in Deutschland absolut nicht zusammen. Und die Beteuerung »Das würde ich niemals tun« kommt mit einem Augenzwinkern auch nicht gerade glaubwürdig rüber. Im Ausland sind die Möglichkeiten, Gestik und Mimik falsch einzusetzen, noch ein ganzes Stück größer – weil man ja oft gar nicht weiß, was man untertitelig gerade so von sich gibt. Kurzum, der Einsatz von Gestik ist eine besonders effiziente Methode, sich selbst zum Idioten zu machen oder spannende Missverständnisse zu schaffen.

So blamieren Sie sich richtig!

Wunderbar in die Nesseln setzen kann man sich zum Beispiel, indem man ausufernde Gestik in Asien anwendet, wo man derartig leidenschaftlichem Gefuchtel eher mit Skepsis begegnet. In Lateinamerika und Italien lässt man dafür einfach durchgängig die Arme wie zwei nasse Waschlappen am Körper hängen.

Hier die Minimalausstattung für Missverständnisse:

Das Kopfkreisen

Bisher ist noch jeder Ausländer in Indien darauf hereingefallen: Egal, was der ausländische Besucher sagt, der indische Zuhörer rollt skeptisch den Kopf zwischen den Schultern hin und her. Und je mehr der westliche Besucher versucht, eine Übereinstimmung zu finden, desto zweifelnder scheint die Bewegung zu werden. De facto entspricht diese Geste, man ahnt es fast, dem europäischen Nicken. Blöderweise lassen sich die daraus ergebenden Missverständnisse erstaunlich lange aufrechterhalten.

Damit eng verwandt ist das bulgarische Kopfschütteln, das ebenfalls »Ja« bedeutet. Interessant ist: Egal, wie oft man sich als Westeuropäer die Tatsache vor Augen hält, dass das Kopfschütteln einem Nicken entspricht, es fühlt sich instinktiv »falsch« an. Wetten, auch Sie werden in Indien den unangenehmen Gedanken nicht los: »Und wenn er doch etwas anderes meint?«

Daumen zwischen Mittel- und Zeigefinger (»Feige«)

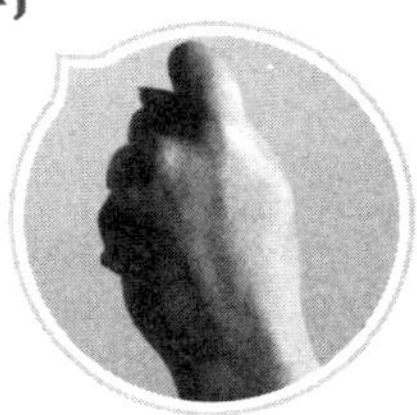

Brasilien: Viel Glück!, aber auch: Geizkragen
Deutschland: Viel Glück!, aber auch: Weibliches Geschlechtsorgan
Türkei, Japan, Griechenland: Weibliches Geschlechtsorgan, beziehungsweise eine recht ordinäre Einladung zur Paarung

Daumen hoch

Deutschland, USA, Korea: 1, Spitze, Top!, Ich möchte mitfahren
Australien, Iran, Irak, Afghanistan, Nigeria: Verpiss dich!
Israel: Sexuelle Dienste zu bieten (wird von Prostituierten am Straßenstrich verwendet)
Japan: Fünf, fester Freund (nur von Männern verwendet)

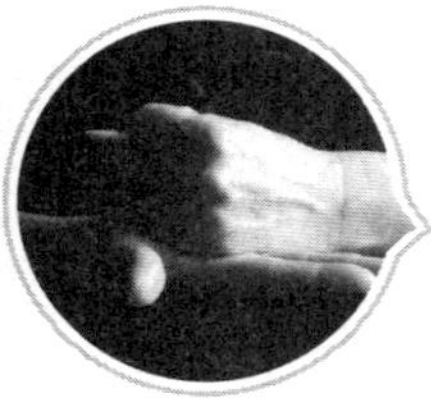

Geballte Faust in die Hand schlagen

Deutschland: Gleich setzt's was!
Arabien: Wie wär's mit Sex?
Westafrika, Japan: Einverstanden! So machen wir es.

Ring aus Zeigefinger und Daumen

Deutschland, Nordamerika, Skandinavien: Spitze!
Autofahrersprache: Arschloch!
Belgien, Tunesien: Null, nutzlos
Japan: Geld, Kondom
Mittelamerika: Perfekt!
Brasilien: Arschloch
Frankreich: Sehr lecker, aber auch: nutzlos, Arschloch (je nach Situation)

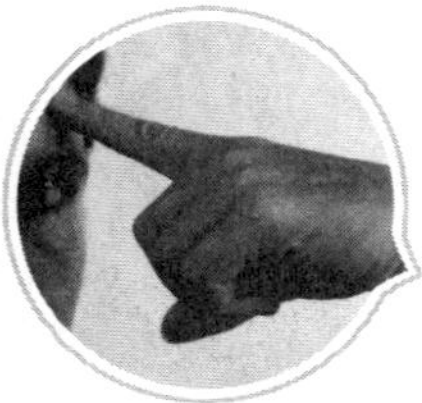

An die Stirn tippen

Deutschland: Du Blödmann!, verrückt
USA, Rumänien: Sehr schlau! (Ohne Ironie)

Mit der Handinnenfläche nach unten winken

Ostasien/Südostasien, Lateinamerika, Westafrika: Komm her
Deutschland (Taucherspräche): Mach mal langsam
Niederlande: Geh weg!

V-Zeichen

Deutschland: Victory/Sieg oder Frieden/Peace (egal, ob die Handinnenfläche zum Zuschauer oder nach innen gewandt ist)
Großbritannien, Australien, Neuseeland: Victory oder Peace (Handfläche zum Zuschauer)
Großbritannien, Australien, Neuseeland: »Fuck you« (Handfläche weg vom Zuschauer)
Japan, China: Kokette Geste beim Fotografieren, ohne Bedeutung
Südamerika: Steht für Geschlechtsverkehr, falls man das V so vors Gesicht hält, dass die Nase zwischen den Fingern steckt

Telefon-Geste

Deutschland, USA, Westafrika: Lass uns telefonieren
Italien: Komm, lass uns einen trinken gehen!
Hawaii: Grußgeste unter Surfern

Hörner-Geste

Deutschland: Heavy-Metal-Geste
Italien, Spanien: Deine Frau betrügt dich!
Argentinien: Schutz vor Unheil

Halsabschneiden

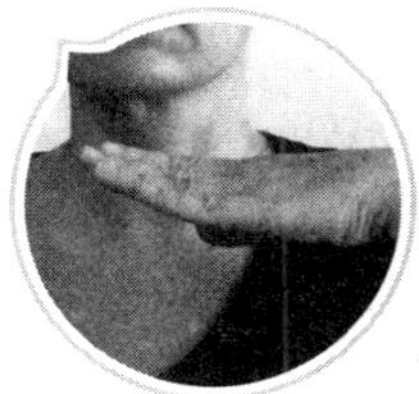

Deutschland, Türkei, arabischer Raum, USA: einen Kopf kürzer machen (Drohung)
Polen, Russland, Ukraine: Sturzbetrunken
Technisch: Motor ausstellen!
Taucherspache: Ich habe keine Luft mehr

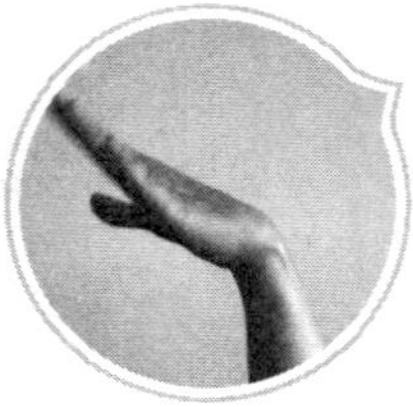

Mit der Hand wedeln

Deutschland: Eine Fliege verscheuchen oder sich Luft zufächeln
Japan: Nein!

Blütengeste

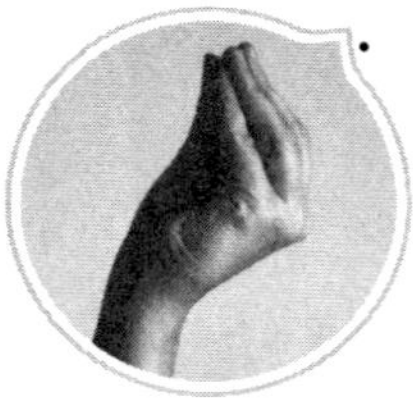

Italien: Was willst du?!
Ägypten: Einen Moment bitte
Rumänien, Türkei: Gut (Qualität)

Neben den klassischen Fettnapf-Gesten gibt es auf der Welt jedoch auch eine Menge Gesten, die in Deutschland so nicht verwendet werden und den Deutschen ratlos grübeln lassen. Was ist jetzt bloß damit gemeint?

Die besten Rätsel-Gesten:

Finger anfeuchten und damit eine Augenbraue glattstreichen

Japan: Bedeutet Skepsis und entspricht ungefähr dem Herunterziehen des unteren Augenlids mit dem Zeigefinger im westlichen Umfeld

Den Kopf zurückwerfen

Äthiopien: Ja
Türkei, Griechenland: Nein

Sich ans Ohrläppchen greifen

Deutschland: Ich habe meinen Ohrring verloren (oder?)
Japan: Mensch, ist das heiß! (Hintergrund: Die Ohrläppchen sind angeblich der kälteste Punkt des Kopfes. Japaner fassen daher manchmal symbolisch an die Ohrläppchen, wenn sie etwas Heißes angefasst haben.)

Hand gerade ausstrecken und den Ring- und Mittelfinger einklappen

Thailand: Ich liebe dich!

Die Luft mit der Hand zerschneiden (mit einer angedeuteten Verbeugung vor der Person, deren Weg man kreuzt)

Japan: Ich werde an Ihnen vorbeilaufen (Hintergrund: Es gilt als unhöflich, vor einem anderen Menschen vorbeizulaufen.)

Mit der Handoberfläche unter dem Kinn entlangstreichen

USA: Jetzt reicht's mir!
Japan (familiär): Hmmm, lecker!
Brasilien (ohne Bewegung): Dummes Gerede!

Zwei Enten und ein Kreuz (oder so)

Deutschland: Schattenspielereien
China: 77

Auf dem chinesischen Markt werden Preisverhandlungen zuweilen mit Gesten untertitelt. Für Zahlen gibt es ein ganzes Set an Handzeichen, die zwar mit dem Siegeszug des Taschenrechners immer seltener verwendet werden, die aber dennoch jeder Chinese kennt.

Besonders die Geste der Zahl Acht hat es für den Europäer und Amerikaner in sich: Wer nach europäischer Art mit Daumen und Zeigefinger zwei Bier bestellt, bekommt in China gleich acht davon.

1

2

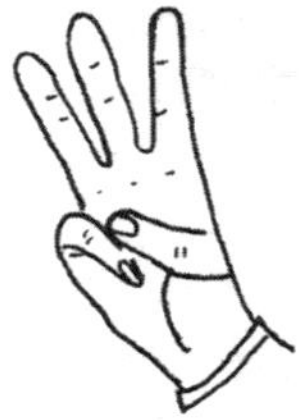

3

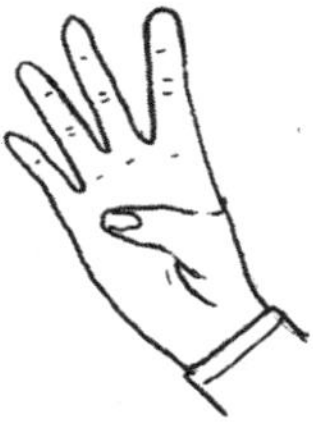

4

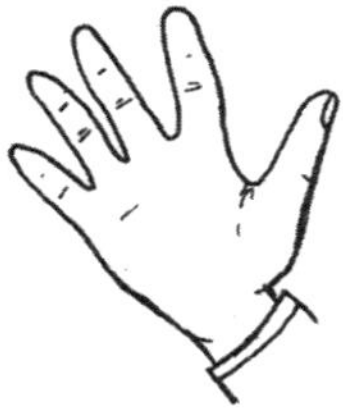

5

6

7

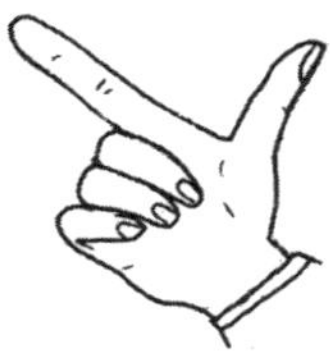

8

9

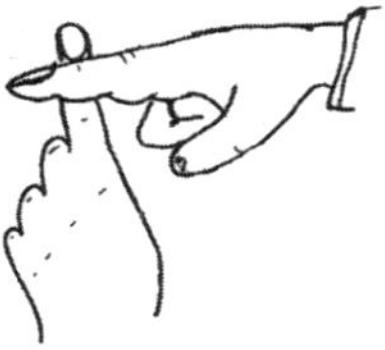

10

11

Achtung!

Beschweren Sie sich nicht, wenn Sie für den Aufenthalt in Ägypten oder China ein paar neue Gesten lernen müssen. Gehörlose haben auf Reisen mit ähnlichen Problemen zu kämpfen, denn auch die Gebärdensprache ist von Land zu Land unterschiedlich. Der Versuch, sich mit deutscher Gebärdensprache im Ausland zu verständigen, kann daher ebenfalls interessante Ergebnisse bringen. Wer hier auf der sicheren Seite sein will, muss »Gestuno« lernen, eine Art reduzierte Form mit rund 1500 international vereinheitlichten Gebärdenvokabeln, die ähnlich wie Esperanto, erschaffen wurde, um die Verständigung zu fördern.

Zu guter Letzt sollte man sich unterwegs nicht nur die Frage »Wer bin ich« stellen, sondern sich dazu auch überlegen, wo genau das Ich denn nun eigentlich zu finden ist. Chinesen oder Japaner, die auf ihre Nase deuten, sind weder von einer Allergie befallen, noch stinkt es ihnen – sie reden von sich selbst. Der Deutsche wiederum vermutet sein Ich in der Brust oder im Bauch, während das Ich in den USA im Herzen verankert ist. Wenn US-Amerikaner von sich selbst sprechen, legen sie daher auch die Hand aufs Herz und wirken in solchen Momenten immer ein bisschen, als leisteten sie gerade einen Schwur.

Sprachlich voll daneben

Fettnapf 25: Das richtige Wort im falschen Land benutzen | **Fettnapf 26:** Nicht den Ton treffen | **Fettnapf 27:** Syphilis zum Mitnehmen bestellen | **Fettnapf 28:** Mit dem Kondom radieren

Wahrscheinlich hat schon Ihr Englischlehrer in der Schule gepredigt: Fremdsprachenkenntnisse öffnen einem Tür und Tor! Während der Tourist – angestrengt darum bemüht, im mitgeführten Wörterbuch nicht in der Zeile zu verrutschen – unter Auslassung aller Ausspracheregeln nach dem Weg fragt oder mit Händen und Füßen Bestellungen stammelt, freut sich der Einheimische. So ist's recht!

Auch Franzosen wissen es durchaus zu schätzen, wenn der Germane leidlich Französisch spricht – ist dies in ihren Augen ja ohnehin die einzig wahre Kultursprache der Welt. Was man dabei erst später merkt: Perfekte und vor allem akzentfreie Sprachkenntnisse kommen hier und da weniger gut an. Will der Deutsche sich am Ende als Franzose ausgeben? Un-ver-schämt! Amerikaner sind in dieser Hinsicht pflegeleichter, schon weil es manch einem von ihnen gar nicht in den Sinn kommt, man könne eine andere Sprache als Englisch sprechen. Chinesen wiederum finden es wunderbar, wenn Ausländer perfekt Chinesisch parlieren – eine in der Tat nicht ganz einfache Übung – und führen solche »seltenen Exemplare« überall im Bekanntenkreis vor oder geben ihnen zur Strafe gleich eine Fernsehshow. Japaner wiederum neigen eher zu einer französischen Haltung. »Das ist einfach ekelig, wie gut Sie Japanisch sprechen«, lallte ein japanischer Diplomat nach dem zweiten Glas Wein einer deutschen Freundin zu, die nach 15 Jahren in Japan akustisch nicht mehr von einer Einheimischen zu unterscheiden war. Die meisten Japaner glauben nämlich ganz fest daran, dass Ausländer niemals im Leben ihre einzigartige Sprache bewältigen könnten und blicken der Wahrheit nur ungern ins Gesicht.

Ein bisschen was ist allerdings schon dran an dieser Einschätzung, zumindest bei vielen asiatischen Sprachen, in denen Tonhöhe und Silbenmelodie bedeutungstragend sind. So gibt es im Chinesischen vier dieser Tonhöhen, die Vietnamesen haben sechs davon und im Kantonesischen braucht man sogar acht – vielleicht. In dieser Frage sind sich die Kantonesen nämlich nicht einmal untereinander einig. Schon diese Tatsache lässt ahnen: Das Studium einer solchen Sprache lässt sich nur mit viel Euphemismus noch als Herausforderung bezeichnen! Für Europäer sind die Tonhöhen jedenfalls eine der größten Hürden beim Erlernen von asiatischen Sprachen, denn es will dem deutschen Hirn einfach nicht gelingen, im korrekten Singsang zu agieren. Wer den falschen Ton trifft, bestellt sich schnell mal Syphilis zum Mitnehmen oder verlangt seinen Kaffee mit Suppe anstatt mit Zucker. Einzig tröstlich ist: Optisch bleibt man in Asien als Europäer immer Ausländer, sodass es dem einen oder anderen asiatischen Kellner dann doch irgendwann dämmert, dass die Syphilis-Bestellung eventuell anders gemeint war.

So blamieren Sie sich richtig!

Wenn Sie auf Knalleffekte stehen, machen Sie in einer Fremdsprache doch ruhig hier und da bewusst Fehler oder verstecken Sie Ihre Sprachkenntnisse einfach mal komplett. Besonders im geschäftlichen Umfeld lohnt es sich, den Übersetzer am letzten Tag der Verhandlungen nach Hause zu schicken und sich dann redegewandt und mit einwandfreiem Akzent in der Landessprache zu verabschieden. Das verblüffte Gesicht des Verhandlungspartners, dem nun dämmert, dass Sie alles, ALLES!, verstanden haben, was zwischen den offiziellen Sitzungen geredet wurde, ist es auf jeden Fall wert.

Für sprachliche Fauxpas muss man übrigens nicht bis Asien oder Afrika reisen. Auch in den europäischen Sprachen lauern viele Gelegenheiten zur Blamage. Nicht zuletzt, weil man hier nicht immer offensichtlich als Ausländer auffällt – gerade, wenn man die Sprache bereits ganz passabel beherrscht! Pikanterweise wird es zwar mit zunehmendem Vokabular leichter, die ganz offensichtlichen Problemfelder zu umschiffen, dafür aber umso peinlicher, wenn man doch einen Fettnapf erwischt.

Dies gilt umso mehr, als es in benachbarten Sprachen eine ganze Reihe von »falschen Freunden« gibt, die vertraut klingen, mit denen man – was die Bedeutung betrifft – jedoch komplett danebenliegen kann. Das berühmte »When do I become a sausage« ist nur der Anfang. Wer mit den holländischen Kollegen *klaar komt* hat zwar die Lacher auf seiner Seite, leider aber eine völlig falsche Bedeutung erwischt. *Klaar komen* bedeutet nichts anderes, als einen Orgasmus zu haben. Allerdings sind auch Muttersprachler nicht unbedingt vor solchen sprachlichen Fehlgriffen gefeit: Umgangssprachlich geht der Holländer *poepen*, wenn er mal groß muss. Auf Flämisch, was im Grunde auch nichts anderes ist als Niederländisch, entspricht *poepen* jedoch dem deutschen Wort poppen.

So blamieren Sie sich richtig!

Kennen Sie diese kleinen weißen Eierschaum-Gebäckstückchen, die in Deutschland unter dem französisch klingenden Namen »Baiser« verkauft werden? Bestellen Sie diese Leckerei doch auch in Frankreich oder im frankophonen Belgien einmal mit dem deutschen Namen. Die Reaktion wird auf alle Fälle interessant. Der

Grund: Früher mag »le baiser« der Kuss gewesen sein, heute ist damit jedoch der Geschlechtsakt gemeint und auch das nicht gerade in gehobener Sprache. Feiglinge verlangen daher lieber nach einem »Meringue«, was deutlich weniger spektakuläre Reaktionen nach sich zieht.

Seltsamerweise stammen viele derartige Missverständnisse aus dem sexuellen Bereich, was natürlich auch daran liegen kann, dass gerade solche Patzer später (allerdings erst viel später!) eine gute Geschichte abgeben. Wer in den USA britisch korrekt nach einem *rubber* (Radiergummi) fragt, bekommt ein Kondom. Andersherum bereitete der Kinofilm »Free Willy« den Briten viel Freude: Auf der Insel denkt man bei diesem Wort, anders als in den USA, nicht an den Kosenamen für William, sondern an das männliche Geschlechtsteil. Aus diesem Grund dürfte es auch nahezu ausgeschlossen sein, dass Prinz William privat »Willy« gerufen wird – zumindest außerhalb des Schlafzimmers. Derartige sprachliche Fauxpas sind so peinlich und häufig zugleich, dass große Firmen mittlerweile vor der Benennung neuer internationaler Produkte einen Heidenaufwand betreiben, um sie zu vermeiden. Trotz dieser Vorsichtsmaßnahmen gab und gibt es eine erfrischend große Anzahl idiotischer Namensgebungen, die voraussehbar nicht zum Erfolg führen (und die den normalen Reisenden ganz nebenbei ziemlich gut aussehen lassen, immerhin bastelt er seine Fettnäpfchen ohne die Hilfe teurer Experten).

Gerade noch rechtzeitig veränderte beispielsweise Rolls Royce den Modellnamen »Silver Mist« zu »Silver Shadow«, nachdem den Autobauern dämmerte, welches Eigentor sie damit auf dem deutschsprachigen Markt schießen würden. Auch der Pajero von Mitsubishi heißt in spanischsprachigen Ländern Montero – wer will schließlich in einem Wichser durch die Gegend fahren? Und dies sind nur die Beispiele, bei denen die Marketingabteilung rechtzeitig die Fettnäpfchen erkannte. Viel interessanter sind natürlich all die Produkte, deren sprachlicher Sprengstoff erst zutage trat, nachdem sie bereits auf dem Markt waren, wie zum Beispiel:

i-MiEV (Toyota) – der Name dieses japanischen Elektroautos löst bei deutschen Konsumenten wohl kaum die Assoziation »umweltfreundlich« aus.

Persil (Henkel) wurde auf dem französischen Markt mit Skepsis aufgenommen – und ergo in »Le Chat« umbenannt. Der Grund: *Persil* bedeutet auf Französisch Petersilie – und der sagt man nun wirklich keine überragende Waschkraft nach.

MR 2 (Toyota) steht für Mid-Engined Rearwheel-Drive Two-Seater. Auf Französisch wird daraus allerdings *em-er-deux*, was sich wie Scheiße (*merde*) oder Rotzlöffel (*merdeux*) anhört.

Phanodorm (Merck) ist ein Schlafmittel, liest sich auf Italienisch jedoch wie »Lässt einen nicht schlafen«. Wenn das keine unterschwellige Botschaft ist!

Osram (Siemens) wird in Polen zwar nach wie vor unter diesem Namen vertrieben, bleibt aber das Ziel vieler Scherze, denn der Name liest sich auf Polnisch wie »O, ich scheiße«. Passend zum Produktnamen entstand in Polen aus dem Slogan »Osram – najlepsze źródła światła« (Osram – die beste Lichtquelle) das Wortspiel »Ich scheiße auf die beste Lichtquelle«.

Kinki Nippon Tourist Agency – Geradezu naiv expandierte dieser japanische Reiseveranstalter ins Ausland und wunderte sich über die vielen zweideutigen Anfragen nach Sex-Touren. Ursprünglich bezeichnet der japanische Name Kinki die Verwaltungsregion rund um die Städte Osaka und Kyoto, auf Englisch jedoch bezieht er sich auf ungewöhnliche sexuelle Praktiken. Heute tritt der Veranstalter im Ausland auch als *Kintetsu International* auf.

Fartfull (Ikea) – der schwedische Name des beräderten Kinderschreibtischs im Bestelltischchen-Design sollte eigentlich Mobilität signalisieren. Im Englischen lässt sich Fartfull jedoch als »voller Fürze« übersetzen. 2005 verschwand der Bläh-Tisch daher wieder aus dem Katalog.

The future is bright, the future is orange – Mit diesem Spruch konnte der Telefonanbieter Orange in Nordirland nicht landen. Die orange Farbe steht in Irland für den protestantischen Oranier-Orden (Orange Order). Eine orange Zukunft ist daher genau das, was zumindest die katholischen Nordiren sicher nicht wollen.

So blamieren Sie sich richtig!

Bei der Übersetzung wichtiger Dokumente und verwenden sie nur durch automatische Übersetzungen maschinelle Übersetzung wie babbelfish gold google übersetzen. Im Zeitalter des Internet eine wirklich nicht für sie mehr bezahlen, richtig?

Und hier die Version für Menschen, die den Anschluss an das Internetzeitalter verpasst haben: *Verwenden Sie für Übersetzungen grundsätzlich nur Maschinen aus dem Netz wie Babelfish oder Google Translate. Im Zeitalter der elektronischen Medien muss man ja dafür nun wirklich nicht mehr bezahlen, oder?*

Angesichts der genannten Probleme könnte man auf den Gedanken kommen, anstatt komplexer Sätze einfach Symbole zu verwenden. Aber auch das ist nicht ohne. Zumindest sollte man vor der Verwendung eines dekorativen Schnörkels mal einen kurzen Gedanken darauf verschwenden, was er bedeutet. So ließ ein New Yorker Heimtextilienhersteller auf eine neue Handtuch- und Waschlappenkollektion einen arabischen Schriftzug drucken. Dummerweise erwischte er dabei zufällig den Satz »Es gibt keinen Sieger außer Allah« – ein kalligrafisches Motiv, das an der Alhambra von Granada tausendfach verewigt ist. Der Satz war augenscheinlich vom Designer nicht in seiner Bedeutung erkannt worden. Unnötig zu sagen, dass die Ware nach einem entsprechenden Hinweis des *Council of American-Islamic Relations* schnell wieder vom Markt genommen wurde: Die Vorstellung, dass sich Tausende Amerikaner mit diesem Satz den Hintern waschen könnten, hätte sicher weltweit zu Protesten geführt.

Manchmal reicht es sogar, dem Produktnamen ein unpassendes Design zu verpassen. So musste Nike 1997 das Modell »Air Sneakers« mit einem verschnörkelten Schriftzug des Markennamens an der Ferse wieder überstürzt vom Markt nehmen. Der Grund: Der Schnörkel erinnerte an das arabische Wort »Allah«, sodass aus Sicht vieler Gläubiger durch diesen Schuh der Name Allahs mit Füßen getreten wurde.

Politisch weniger brisant war die nette Kalligrafie, mit der ein deutsches Kulturmagazin einen Text über chinesische Kunst aufpeppte. Über sechs Seiten wurde der Text mit den kunstvollen Schriftzeichen für *süß-saures Schweinefleisch* hinterlegt. Ganz offensichtlich war der Autor des Artikels des Chinesischen nicht mächtig. Oder war es vielleicht doch einfach nur sublime Werbung für ein Chinarestaurant?

So blamieren Sie sich richtig!

Falls Sie ein lustiger Mensch sind, sollten Sie auch im Ausland nicht darauf verzichten, Ihre neuen Freunde mit dem deutschen Humor bekannt zu machen. Übersetzen Sie konsequent alle Witze, die Sie deutschen Mitreisenden erzählen. Und zwar so lange, bis die Zuhörer lachen, egal, wie lange Sie dazu die Pointe in falschem Volkshochschul-Englisch breittreten müssen.

Digitale Fettnäpfchen

Fettnapf 29: Mehr als fünf Sätze schreiben | **Fettnapf 30:** Weniger als fünf Sätze schreiben | **Fettnapf 31:** Immer schön weiterleiten | **Fettnapf 32:** Nie unter 3 MB!

Für alle, deren Budget in nächster Zeit keine Auslandsreise hergibt und die deshalb glauben, keine Gelegenheit zum Einsatz interkultureller Fettnäpfchen zu finden, gibt es eine gute Neuigkeit: Man kann sich auch prima vom heimischen Schreibtisch aus danebenbenehmen. Versprochen! Dank Internet und E-Mail bieten sich wunderbare Möglichkeiten, ganz schnell ganz viele Menschen vor den Kopf zu stoßen. Die Vorstellungen, wie eine anständige und höfliche E-Mail auszusehen hat, gehen nämlich von Land zu Land so weit auseinander, dass es eigentlich ein echtes Wunder ist, dass E-Mail-Verkehr nicht regelmäßig in Kündigungen, Zerwürfnissen oder gar Kriegen endet.

Schon die Frage, ob denn E-Mails überhaupt ein adäquates Mittel der Kommunikation darstellen, wird nicht überall auf der Welt gleich beantwortet. E-Mails in den arabischen Raum zu schicken ist in der Regel völlig für die Katz: Wo käme man denn da hin, wenn man sich einfach mit Wildfremden per E-Mail austauschen würde! Ohne eine persönliche Begegnung geht gar nichts, und selbst dann … Auch im ländlichen China landen E-Mails Unbekannter gerne direkt im elektronischen Papierkorb. Dies hat nichts mit der Angst vor moderner Technik zu tun, sondern ist vielmehr einem interessanten Spannungsverhältnis von sozialistischem Erbe und Beziehungskultur geschuldet, immer frei nach dem Leitsatz »Da könnte ja jeder kommen!«. Menschen, mit denen man noch nicht durch ein kompliziertes Geflecht von Beziehungen (dem sogenannten Guanxi) verbunden ist, werden grundsätzlich ignoriert, bis sie mit der passenden Empfehlung daherkommen. Außerdem: Kommunikation mit Ausländern ... da weiß man doch gar nicht so recht, wie das geht. Das gibt nur Scherereien! In den Großstädten wie Shanghai oder Kanton wurde dieses Credo mittlerweile um den Halbsatz »aber solange daraus ein Geschäft wird, wollen wir mal nicht so sein« erweitert.

Für substanzielle Missverständnisse muss man allerdings gar nicht bis Asien gucken, es langt der Blick nach Großbritannien: So förmlich die Briten oft nach außen scheinen (Achtung, Tarnung!), so locker geben sie sich per E-Mail. Ist das erste Schreiben noch rundum respektvoll, wenn auch einen Hauch zu kurz gehalten, fallen unnötige Höflichkeiten wie Anrede, Nachname, einleitende Sätze, Verabschiedung und dergleichen (also eigentlich alles) schnell unter den Tisch. Na gut, der wird es eilig gehabt haben, sagt sich der Deutsche. Doch spätestens wenn sich der bisher unbekannte Kontakt aus Großbritannien mit einem fröhlichen »Cheers« verabschiedet, kommen die ersten Zweifel auf: Kennen wir uns am Ende doch schon? Meint er wirklich »Prost«? Und wenn ja – warum? Im Alltagsgebrauch ersetzt die E-Mail in Großbritannien eher die lockere Unterhaltung als den formellen Brief – und genauso schlampig wird sie meist auch aufgesetzt. Vielleicht stammt daher die goldene Regel, dass eine englische E-Mail nicht mehr als fünf Sätze umfassen sollte, da sie sonst gar nicht mehr komplett gelesen wird.

Die Meister der Kürze wohnen dann allerdings doch ein paar Kilometer weiter weg: In China kann man über die Fünf-Sätze-Regel nur heiser lachen. »Yes, can do.« Drei Silben sind in China schon eine vollwertige E-Mail-Antwort, die keinerlei Veredelung durch zusätzliche Floskeln bedarf, von den Champions der Zunft jedoch noch auf »ok« reduziert wird. Das ist wahre Molekular-Korrespondenz! Auch in Russland fasst man sich gerne kurz, vervollständigt den Text jedoch oft noch durch die eine oder andere gebellte Anweisung.

Ein wenig weiter östlich ist wiederum egal, ob man sich für die knappe einsilbige oder die geschwätzige dreisilbige Lösung entscheidet – für einen japanischen Empfänger sind es sowieso fünfhundert Silben zu wenig: Ohne ehrfurchtsvolle Anrede, ein bisschen Geplauder, eine höfliche Nachfrage nach dem eigenen Befinden und dem der Familie sowie eine blumige Verabschiedung mit vorzüglichster Hochachtung geht sowieso nichts. Nichts! Nicht umsonst gibt es bei Word 7 sogar eine eigene Schaltfläche mit japanischen Grußformeln. (Natürlich glauben Sie das jetzt nicht. Dann schauen Sie doch einfach mal selbst auf der Registerkarte »Einfügen« nach!)

Achtung!

Kommen Sie einem Franzosen bloß nicht mit dem Begriff E-Mail! Das Ding heißt Couriel, jawoll, auch wenn sich alle anderen Länder der Welt (außer Nordkorea, und die auch nur mangels Internetanbindung) auf einen anderen Begriff geeinigt haben.

Trotz aller internationalen Unterschiede gibt es auch Gemeinsamkeiten bei der Kommunikation per E-Mail. Wichtig ist in allen Ländern dieser Welt: E-Mails sollte man grundsätzlich und immer weiterleiten. Egal, an wen oder was das Zeug hergibt, und völlig unabhängig vom Inhalt oder von eventuellen Vertraulichkeitshinweisen. Exzessiver Versand von E-Mails mit einem kurzem Vermerk wie »Zur Info« oder »For your information« ohne genaue Angabe, warum die Nachrichten für den Empfänger von Interesse sein könnten, zeugen von Vollbeschäftigung und Wichtigkeit: Dieser Mensch ist am Puls der Zeit!

Außerdem gibt es noch einen guten Grund fleißig auf den »Forward«-Button zu drücken: Wer wahllos meterlange E-Mails weiterleitet, darf sich nicht nur ziemlich sicher sein, dass sie sowieso niemand liest (und falls doch, die einzig wichtige Passage im Wust der Informationen garantiert nicht findet), er hat, wenn irgendetwas schiefgeht, auch immer die gute Ausrede parat: »Aber Sie waren doch stets informiert! Ich habe den gesamten E-Mail-Verkehr immer gleich an Sie weitergeleitet.« Schon kann der Chef, Vereinskollege oder wer auch immer sich nicht mehr beschweren. Dies ist besonders im internationalen E-Mail-Verkehr wichtig: Ein Klick und schon muss der deutsche Angestellte dem Chef in den USA die Sachlage nicht mehr langwierig erklären. Falls der Amerikaner kein Deutsch kann – selber schuld! Außerdem gibt es ja noch die bereits zuvor erwähnten Internet-Übersetzungsmaschinen …

Eine besonders spannende Note erhält das sportliche Weiterleiten (auch: *Extreme-Forwarding*), wenn die E-Mails brisante Informationen enthalten oder vertraulich gehalten sind. Die Krönung der Fettnäpfchen ist, wenn es die vertrauliche E-Mail, die in den ersten Zeilen auch klar als solche angekündigt ist – »Liebe Erna, bitte behalte die folgenden Informationen erst mal für dich, deine Bettina« – letztlich über dreihundert bekannte und unbekannte E-Mail-Adressaten wieder zu Bettina zurückschafft.

Drei goldene Regeln, um sich in der Disziplin E-Mail maximal danebenzubenehmen:

1) Mindestens 3 MB Größe sind Pflicht. Wer sicher sein will, dass es zu Problemen kommt und der Empfänger mit eintrocknenden Augäpfeln dem Ladebalken zusehen muss, geht über 20 MB. Lässt sich diese Summe nicht mit An-

hängen zusammenkratzen, sind eingebettete Bilder eine wirkungsvolle Alternative. Je unterentwickelter das Empfängerland beziehungsweise je ländlicher die Empfängerregion, desto eher sollten Sie die MB-Zahl hochschrauben.

2) Der Betreff sollte nicht zum Inhalt passen, also beispielsweise »Urlaubsplanung 2012«, wenn man sich bereits im Jahr 2013 befindet und dazu per Antwort auf eine alte E-Mail noch ein völlig neues Thema anreißt. Der Insider-Trick: Bei E-Mails ins Ausland immer deutsche Betreffs eingeben.

3) Endlose Abbindertexte, die nicht nur den beruflichen Werdegang des Absenders, sondern auch eine in drei Sprachen übersetzte, rechtlich wasserdichte Passage zur Vertraulichkeit der E-Mail enthalten, allerdings nicht in der Sprache des Adressaten.

Alternativ bringt virtuoses Schnellklicken auf den Reply/Antwort-Button Abwechslung in den Alltag. Wie im folgenden, bedauerlicherweise echten Beispiel: Gelingt es einem eine unerfreuliche E-Mail, wie die von Sunshine aus Peking, mit der eigenen Anmerkung: »Liebe Katrin, die dusselige Kuh Sunshine hat in der Tat ein sonniges Gemüt – kaum zu glauben, wie beratungsresistent diese Chinesen sind«, dank eines Fehlklicks nicht an Katrin weiterzuleiten, sondern stattdessen an Sunshine zurückzuschicken, erweist sich schnell, wer wirklich Spaß versteht. Sunshine hatte übrigens keinen Humor, aber offensichtlich ein Wörterbuch.

Gut geschmiert ist halb gewonnen

Fettnapf 33: Schmiergeld zahlen | **Fettnapf 34:** Kein Schmiergeld zahlen | **Fettnapf 35:** Trinkgeld geben | **Fettnapf 36:** Kein Trinkgeld geben

ICH BIN NICHT BESTECHLICH! ICH BIN EIN SIKH! Wutentbrannt und mit hochrotem Gesicht brüllt der indische Grenzbeamte die übermüdete Rucksacktouristin am Indira-Gandhi-Flughafen von Neu-Delhi schier über den Haufen. Verschüchtert zerknittert sie den Tausend-Rupien-Schein in der rechten Hand. »Keine *tax clearance*, keine Ausreise! Basta!« Noch einige Minuten droht er ihr laut wetternd mit Gefängnis, Verderben und ewiger Verdammnis – was im Grunde alles dasselbe ist –, bevor er sich wieder der Passkontrolle widmet.

Ganz offensichtlich ist hier ein Bestechungsversuch kolossal schiefgelaufen. Was die Touristin wohl nicht weiß: Wer sich länger als 180 Tage in Indien aufhält, muss sich beim *Foreigner Registration Office* erfassen und eine steuerliche Unbedenklichkeitsbescheinigung *(tax clearance)* ausstellen lassen. Wer dies vergisst, darf nicht ausreisen – eine Übung, deren Sinn Ausländern komplett verborgen bleibt, aber Geld in die Kassen der Regierung spült. Aber hey, wer hält sich in Indien schon an die Regeln! Korruption gehört zum Alltag und zu jedem Gesetz gibt es seine käufliche Ausnahme. Zumindest erscheint es den Ausländern so: Egal ob bei der Polizei oder beim Zoll, ohne einen beschleunigenden Geldschein oder freundliche Mitbringsel geht oft gar nichts – dann sind die richtigen Papiere einfach nicht zu finden, der Beamte hat leider keine Zeit oder er taucht gar nicht erst im Büro auf. Pech gehabt, morgen wiederkommen, heißt es bei solchen Gelegenheiten. Und zwar so lange, bis der ahnungslose Ausländer endlich verstanden hat, dass es hier eines pekuniären Katalysators bedarf. Dumm ist bloß: Auch hier gibt es Ausnahmen von der Regel – viele Sikhs sind stolz darauf, der Korruption zu wiederstehen. Ob sie das konsequent durchziehen, sei dahingestellt. Sicher ist aber: Wer sonst immer die Fahne der Redlichkeit hochhält (und damit wahrscheinlich allen Kollegen kolossal auf die Nerven fällt), wird sich kaum vor aller Augen bestechen lassen.

Doch wie funktioniert denn nun die Korruption in fremden Ländern? Die schlechte Nachricht lautet: Jedes Land hat seine eigenen Regeln und Tarife. Die noch schlechtere Nachricht: Seit 1999 ist Korruption in Deutschland auch dann strafbar, wenn sie im Ausland begangen wurde. Und die schlechteste Nachricht will ich Ihnen auch nicht vorenthalten: Man kommt natürlich trotzdem nicht drum herum. Ruandische, malische oder rumänische Beamte erweisen sich oft als völlig uneinsichtig, wenn man die Scheine aufgrund der deutschen Gesetzeslage nicht so recht rausrücken möchte.

Wer in China noch einen Platz in einem eigentlich ausgebuchten Zugabteil braucht, muss also anders in die Tasche greifen als in derselben Situation in Simbabwe oder in Rumänien. Wobei man sagen muss: Die Korruptionspraxis in Rumänien ist so erfreulich transparent, dass auch wir Ausländer schnell dahinterkommen. Mit verklausulierten Andeutungen hat man hier scheinbar schlechte Erfahrungen gemacht. Zehn Mark forderten die Grenzbeamten bis zum Eintritt Rumäniens in die EU von deutschen Reisenden, wenn bei der Ausreise die Kopie des Einreisepapiers nicht mehr im Pass lag. Laut und schamlos. Der Vorteil liegt auf der Hand: Niemand blamiert sich hier, weil er auch die deutlichsten Hinweise nicht verstanden hat. Und die Kaffeesatzleserei, wie viel Schmiergeld denn wohl angebracht ist, bleibt einem ebenfalls erspart. An dieser Praxis hat sich natürlich mittlerweile einiges geändert. Der wichtigste Aspekt: Heute fragt man auf rumänischen Behörden nach Euro anstatt Mark und nimmt seit der Währungsreform gerne auch die einheimischen Lei.

In Asien sind meist dezentere Methoden der Bestechung angesagt: »Eine kleine Unkostenbeteiligung würde helfen«, lässt der chinesische Beamte ganz nebensächlich einfließen oder er verweist auf zusätzliche Aufwendungen, die jedoch in ihrer genauen Ausgestaltung unbenannt bleiben. Auch mit der Quittung tut er sich schwer: »So ein dummer Zufall, gerade habe ich das letzte Blatt des Blocks verbraucht!« Bei der Buchung einer viel gefragten Bahnstrecke oder dem Versuch, dem ausgebuchten Flieger noch einen Sitzplatz abzutrotzen, kann es hilfreich sein, eine Stange Zigaretten wie zufällig auf dem Tresen liegen zu lassen und sich nach den Rauchgewohnheiten des Bearbeiters zu erkundigen.

Achtung!

Thailand besticht mit einem raffinierten Ritual, das allen Beteiligten die Chance gibt, auch im missglückten Schmierversuch das Gesicht zu wahren. Anstatt das pralle Geldbündel direkt über den Tisch zu schieben, lässt man unauffällig einen Umschlag zu Boden fallen und macht den Verhandlungspartner überrascht darauf aufmerksam: »Schauen Sie mal, ist das Ihrer?« Der Empfänger hebt den Umschlag auf und blickt kurz hinein. Wenn die Summe passt, bedankt er sich – »Wie konnte ich nur so dumm sein, den Umschlag zu verlieren!« –, wenn nicht, gibt er ihn zurück: »Ich glaube, der gehört Ihnen.« Kurze Zeit später kann man dann den ganzen Tanz mit einer leicht erhöhten Summe wiederholen.

Es kann aber auch ganz einfach gehen, wie der Reisejournalist P. J. O'Rourke von der indisch-pakistanischen Grenze zu berichten weiß: »Ein Zollbeamter erklärte uns das gesamte System der pakistanischen Zollbestimmungen, indem er den Daumen gegen den Mittel- und Zeigefinger rieb.« Und weil dabei wie zufällig zwei Fünfzig-Dollar-Scheine aus seinem Portemonnaie blitzen, ist der Tarif auch schnell geklärt.

Achtung!

Sind Sie unsicher, wie hoch das Schmiergeld in Rumänien ausfallen sollte? Hier hilft das »Manual de Spaga«: Das »Handbuch der Bestechung« der Journalistin Adina Popescu erläutert wie ein Lehrbuch die verschiedenen Tarife und Bereiche der Korruption. Zahlreiche Lektionen vermitteln das Gefühl für die korrekten Summen, beispielsweise im Krankenhaus (wer den MRT-Scan gerne noch in diesem Jahrhundert durchführen lassen möchte, tut gut daran zu zahlen), für diverse Schulprüfungen oder Strafzettel.

Meist wissen Geber und Nehmer im jeweiligen Land ganz genau, wie viel vonnöten ist, um komplexe Prozeduren zu beschleunigen. Gegen den herrschenden Bestechungs-Codex zu verstoßen, ist damit irgendwie doppelt unmoralisch. So sahen das auch die Kameruner Taxifahrer, die 2004 in den Streik traten. Auslöser war weniger die Korruption der Polizei an sich – immerhin bewies diese bei Kontrollen eine beeindruckende Kreativität und bat beispielsweise Brillenträger wegen Fahrens mit doppelter Windschutzscheibe zur Kasse – sondern vielmehr die Tatsache, dass sich nicht alle Polizisten an die allgemein üblichen Bestechungstarife hielten!

Für die meisten zentralafrikanischen Staaten (o.k. – für ALLE zentralafrikanischen Staaten) raten Profi-Reisende daher, immer genug Kleingeld in der Hosentasche mitzuführen. Egal ob Grenzer, Regierungsbeamter oder Straßenpolizist: Sie alle verlangen einen kleinen Obolus. Was nicht zuletzt daran liegt, dass sie zwar Staatsdiener, aber leider keine Staatsverdiener sind, und oft nur höchst magere Gehälter beziehen. Das Verständnis für diesen bedauerlichen Umstand sinkt allerdings proportional zur Frequenz, mit der man das Portemonnaie zücken muss.

Achtung!

Lokale Kontaktleute helfen gerne bei der Verteilung von Extra-Boni (inklusive einer komfortablen 10-prozentigen Eigenprovision). Unter anderem verhindern sie damit, dass die tollpatschigen deutschen Besucher an falscher Stelle mit dem Geldschein wedeln und den Rest des Aufenthalts im Gefängnis auf den Besuch des deutschen Konsuls warten.

Selbstverständlich kämpfen die meisten Länder der Welt gegen den Korruptionssumpf. Offiziell zumindest. Beliebt sind »Petz-Seiten« im Internet, auf denen sich Korruptionsopfer melden können, wobei diese Seiten gerne mal zusammenbrechen, weil sich einfach zu viele Menschen dort anmelden. Doch auch all jene, denen es gelingt, eine Beschwerde einzureichen, dürfen nur wenig Hoffnung auf die Verurteilung der bestechlichen Beamten hegen. Fast überall auf der Welt sind die Gerichte völlig überlastet. Allein in Ecuador warten derzeit Tausende von Korruptionsverfahren auf einen Gerichtstermin.

Teils mutet die Flut der Fälle geradezu skurril an. So lockte der Gouverneur von Punjab bei Amtsantritt 1997 mit einer Belohnung für den korrektesten Staatsdiener von umgerechnet 3300 US-Dollar, versprach seinen Bürgern aber gleichzeitig bis zu 1200 US-Dollar bei erfolgreicher Anzeige eines korrupten höheren Beamten. Wenig später ließ er das Programm abbrechen. Allzu bereitwillig hatten die Bürger zum Telefonhörer gegriffen und in nur 18 Monaten über 150 000 US-Dollar »Preisgeld« kassiert. Nur die Prämie für den korrekten

Beamten blieb in der Staatskasse: Es ging keine einzige Nominierung ein.

Vielleicht fehlt es aber auch einfach nur an Vorbildern? Denn will man der letzten Generation asiatischer, afrikanischer oder lateinamerikanischer Politiker einen Besuch abstatten (Obstkorb nicht vergessen!), so muss man dafür nicht selten im Gefängnis vorstellig werden.

Vom ehemaligen Ex-Innenminister Thailands Sanan Kachornprasart, über die Ex-Präsidenten Chen Shui-bian (Taiwan), Ferdinand Marcos und Joseph Estrada (Philippinen), Roh Tae-woo und Chun Doo-hwan (Korea), Rupiah Banda und Frederick Chiluba (Sambia), Teodoro Obiang Nguema (Äquatorialguinea) und Omar Bongo (Gabon) bis hin zu Sani Abacha (Nigeria), Alberto Fujimori (Peru), Jean-Claude Duvalier (Haiti) und Arnoldo Alemán (Nicaragua): Sie alle sitzen oder saßen wegen Korruption ein. Das Verfahren gegen Haji Mohammed Suharto (Indonesien) scheiterte aus gesundheitlichen Gründen, während der ehemalige südafrikanische Präsident Jacob Zuma der Korruption angeklagt, dann aber wegen eines Verfahrensfehlers freigesprochen wurde (international bekannt wurde er mit seiner gewagten These, man könne AIDS durch eine Dusche nach dem Beischlaf vorbeugen, aber das steht auf einem anderen Blatt ...). Gegen den brasilianischen Ex-Präsidenten Luiz Inácio Lula da Silva wird derzeit noch ermittelt, während die Ermittlungen gegen Denis Sassou-Nguesso (Republik Kongo) im Sande verliefen. Und wie gesagt: Das sind nur Beispiele, denn die genannten Personen sind nur ein Teil aller Staatsdiener, denen ein Verfahren gemacht wurde!

Angesichts dieser illustren Liste, scheint es fast schon vermessen zu glauben, man könne irgendwo auf der Welt OHNE Bestechung durchs Land reisen. Doch Achtung, es gibt sie durchaus, die »sauberen« Länder!

Wie weit die Länder dieser Welt von der Korruption befallen sind, lässt sich schwarz auf weiß nachlesen. Die NGO *Transparency International* legt einmal im Jahr den »Corruption Perception Index« (CPI) vor. Je höher der Rang, desto schlimmer die Zustände im Land. Während 2012 am Ende der langen Liste Myanmar, Sudan, Afghanistan, Nordkorea und Somalia vor sich hin dümpelten, kam Deutschland immerhin auf Rang 13. Auf Rang 1 standen Finnland, Neuseeland und Dänemark. Dabei verwundert es wenig, dass der Versuch, behördliche Angelegenheiten in den Top-20 der *Transparency*-Liste per Korruption zu beschleunigen, meist kolossal schiefgeht. So ist zum Beispiel in Japan (Rang 17) Bestechung kein bloßer Fettnapf, sondern vielmehr der gezielte Schritt in die Fritteuse. Auf der anderen Seite ist der Versuch, in einem Land, in dem Trinkgeld nahezu unbekannt ist und Korruption nur dezent in den oberen Chargen der Politik stattfindet, einen Verkehrspolizisten zu bestechen, so unglaublich dumm, dass man damit sogar durchkommen könnte. Nicht, weil der Sheriff der Landstraße den Schein einsteckt, sondern weil er schlicht nicht versteht, was ihm hier angeboten wird!

In Singapur (Rang 5) stehen dabei auf Bestechung derart spektakuläre Höchststrafen, dass der kleine Stadtstaat sich als nahezu korruptionsfrei bezeichnen darf. Wer hier mit kleinen Zuzahlungen winkt, kann sich glücklich schätzen, wenn er einfach nur vor die Tür gesetzt wird.

Wer das Portemonnaie einfach nicht geschlossen halten kann, findet aber auch legale Wege, sein Geld unters Volk zu bringen – durch Trinkgeld zum Beispiel. Zugegeben, damit erwirkt man keinen Freispruch und man bekommt auch keinen staatlichen Bauauftrag, aber immerhin ein Lächeln. Wenn man es richtig macht.

Auch beim Trinkgeld lauert nämlich viel Fettnapf-Potenzial. Denn mal ehrlich: Wüssten Sie auf Anhieb, was als angemessenes Trinkgeld für einen Transfer vom Flughafen nach Nairobi gilt? Oder wie viel man einem südkoreanischen Taxifahrer für eine Stadtfahrt gibt?

Spätestens, wenn der Kofferträger freudestrahlend zur Tür hinaustänzelt oder (die peinliche Variante) das Gepäck ganz besonders unsanft aufsetzt, muss man der unbequemen Wahrheit ins Auge blicken: Wahrscheinlich war das Trinkgeld nicht nach lokalem Standard.

Manchmal fängt das Problem mit dem kleinen Obolus schon früher an. Dann, wenn der Reisende mal wieder kein Kleingeld hat. Weil die Schlange vor dem Umtauschschalter am Flughafen so abschreckend lang war oder weil der Wechselkurs einem zufällig nur große Scheine beschert hat. Könner haben für solche Fälle immer eine Handvoll Ein-Dollar-Noten dabei. Bei allem wirtschaftlichen Hin und Her wird die amerikanische Währung weltweit gerne genommen (sogar im Jenseits: Das chinesische Totengeld ist meist auf US-Dollar ausgestellt, denn auch in anderen Sphären gilt er als bekannt und kaufkräftig). Hat es der Reisende geschafft, genau die vermeintlich passende Summe in der Hosentasche bereitzuhalten, ergibt sich allerdings schon das nächste Fettnäpfchen. In China zum Beispiel, wo man das Trinkgeld in den Großstädten mittlerweile gerne nimmt, dies aber bitte selbst diskret vom Tisch klauben möchte. Es der Bedienung gönnerhaft in die Hand zu drücken, gehört hier zu den ganz peinlichen Ausrutschern.

Was die Höhe des Trinkgelds betrifft, so liegt man weltweit mit der 10-Prozent-Regel eigentlich immer richtig, zumindest so lange, bis man eines Besseren belehrt wird. Komplett unüblich sind Trinkgelder in Japan, Singapur, Korea, im ländlichen China, aber auch in britischen Pubs. Als Reisender darf man für diesen Umstand einfach nur zutiefst dankbar sein. Und zwar nicht allein der Geldersparnis wegen: Es ist so viel erholsamer, wenn man nicht grübeln muss, ob die Bedienung nun unfreundlich ist, weil sie schlechte Laune hat, oder ob es daran liegt, dass das Trinkgeld zu lausig war! Umso befremdlicher scheinen Japanern die deutschen Trinkgeldsitten, zumal der Service, der damit belohnt werden soll, aus japanischer Sicht nicht einmal besonders gut ist. Manch ein Kellner, so berichten japanische Touristen von ihren Erfahrungen aus Deutschland, kümmert sich, in Antizipation eines eventuellen Sprachproblems, vorsorglich gleich selbst um das Trinkgeld und bringt das Wechselgeld einfach gar nicht mehr an den Tisch zurück.

Richtig schwierig sind die USA in Sachen Trinkgeld. Hier übernimmt der Gast im Restaurant nicht nur die Kosten für Speisen und Getränke, sondern gleich auch noch das Gehalt der Serviererin. Quasi, denn der Basislohn ist so gering, dass die Angestellten auf mindestens 15 Prozent Trinkgeld angewiesen sind.

So blamieren Sie sich richtig!

Wer sich für schlechten Service rächen will, sollte nicht vom Trinkgeld absehen. Viel wirkungsvoller ist es, eine lächerlich geringe Summe zu geben und dabei gönnerhaft zu lächeln. Auch Sätze wie: »Sie brauchen sich nicht zu bedanken« kommen in solch einer Situation gut an. Diese Praxis empfiehlt sich jedoch nur in Restaurants oder Transportmitteln, die Sie niemals im Leben wieder aufsuchen werden.

Etwas vertrackter ist die Trinkgeldfrage bei Gruppenreisen. Weil man dem Reiseleiter ja nun nicht jeden Tag aufs Neue ein paar Münzen in die Hand drücken will, heißt es am Ende der Reise die Scheine zu zücken. Doch wie viele? Und wie steht es mit dem Busfahrer? Bekommt er auch? Und darf es genauso viel sein, wie für den Reiseleiter?

Profis entschärfen diese Fragen, indem sie das Trinkgeld in einem verschlossenen Umschlag übergeben. Das macht kleine Summen nicht weniger enttäuschend für die Dienstleister, aber man muss sich ihre Enttäuschung wenigstens nicht mit ansehen und ergo dafür schämen. Weil das für viele Reisende ein guter Grund ist, gleich ein bisschen weniger zu geben, heißt das allerdings, dass die Ausbeute im Umschlag für den Reiseleiter hier und da recht mager ausfällt. Wie bei der Gruppenhaft heißt es in einer Runde von Knauserern: Mitgefangen, mitgehangen. An dieses Gefühl sollte man sich nach einer 14-tägigen Gruppenreise allerdings bereits gewöhnt haben.

Die korrekte Lösung bezüglich der Trinkgelder bei Gruppenreisen lautet übrigens weltweit mit nur kleinen Abweichungen: Rund zwei bis drei US-Dollar pro Tag und Person, jeweils für den Reiseleiter und den Busfahrer, sind ein angemessener Bonus. In extrem armen Ländern orientiert man sich eher am unteren Rand dieser Summe, in Nordamerika eher am oberen.

Götter, Geister und Dämonen: Blamage im Jenseits

Fettnapf 37: Religiöse Witze reißen | **Fettnapf 38:** Dem Hund nicht die Pfoten waschen | **Fettnapf 39:** Die Mütze absetzen | **Fettnapf 40:** Die Mütze nicht absetzen

»Nimm dies, du Schurke!« – lautes Stöhnen, Schmerzensschreie und Maschinengewehrsalven hallen durch den Tempel. Dann Stille und leises Gemurmel. Beängstigend klingt das – und ein wenig blechern. Die einsam im Gebet versunkene alte Frau vor dem Hauptaltar scheint jedoch völlig unberührt. Aus gutem Grund: All das ist nur Geräuschkulisse. Und zwar die eines billigen Easterns. Während sich der Tempelwächter im Nebenraum der Gebetsstätte eine Dose Bier genehmigt, vermöbelt ein martialischer Kung-Fu-Kämpfer im verschwitzten Unterhemd und Stirnband auf dem kleinen Fernseher vor ihm eine chancenlose Schar von Feinden. In chinesischen Tempeln ist diese Szenerie weit verbreitet. Je dörflicher die Umgebung, desto langweiliger ist der Job des Tempelwächters, den meist rüstige Rentner erledigen. Für die transzendentalen Fragen sind sie sowieso nicht zuständig, sondern nur dafür, dass im Diesseits keiner die Einrichtung klaut. Und weil dies in Tempeln eher selten vorkommt, hat der klassische Tempelwächter wenig zu tun. Bequem und klimatisch angemessen im Feinrippunterhemd gekleidet, lümmelt er daher mit großer Wahrscheinlichkeit vor einem laut plärrenden Fernseher. Touristen, die sich andächtig und flüsternd dem Tempel nähern, fühlt sich angesichts solcher Szenen nicht selten verschaukelt: Das soll Andacht sein? Eine meditativ-transzendentale Stimmung fühlt sich anders an – zumindest nach westlicher Vorstellung.

Hinzu kommt, dass die Aufteilung der Tempel immer auch einen gewissen Praxis-Aspekt hat: Neben den daoistischen Göttern findet sich meist auch eine Buddha-Statue sowie die Bodhisattwa Guanyin und eventuell noch ein Konfuzius, der zwar kein Gott ist, aber immerhin Bildungsexperte und deshalb hier und da ebenfalls mit Gaben bedacht wird. Ohnehin leben die meisten Chinesen einen entspannten Mix aus Daoismus, Buddhismus und Ahnenverehrung. Als Reisender kann man in chinesischen Tempeln also eigentlich gar nicht so viel falsch machen.

Achtung!

Anders als in den christlichen Kirchen, deren Gott über allen und allem steht, sitzen chinesische Götter auf einem wackligen Podest. Nichtsnutze und Nixkönner werden abgesetzt, und auch die Stelle des Stadt- oder Dorfgotts wird immer wieder mal neu besetzt, wenn sich der Amtsinhaber als unfähig erweist. Auch sonst sind die chinesischen Götter recht menschlich veranlagt und somit anfällig für Schmeicheleien und auch vor Fehlern nicht gefeit. Wer sie überzeugen will, für sich zu arbeiten, der muss Geschicklichkeit an den Tag legen. Sie sind ein übellauniger Haufen von Wesen, die untereinander genauso Freund- und Feindschaften, Eifersüchteleien und Rivalitäten pflegen wie ganz normale Menschen. Kein Wunder also, dass chinesische Götter gerne von Lärm und Trubel umgeben sind und sich auch am halbseidenen Fernsehprogramm nicht unbedingt stören – Hauptsache es passiert was!

In japanischen Shinto-Tempeln geht es dagegen gemächlicher zu – mitunter muss man die Götter sogar wecken: Mit einem zweimaligen Klatschen und lautem Gebimmel erregt der Besucher ihre Aufmerksamkeit, bevor er ihnen seine Wünsche anträgt. Auswahl an möglichen Adressaten gibt es genug, denn es existieren Abertausende göttlicher Kami-Wesen. Ansonsten belästigen die Kami den Menschen kaum mit Regeln. Nur mit Schmutz und Dreck haben sie wenig im Sinn. Besucher waschen sich vor dem Schrein Hände und Gesicht – und manchmal sogar die Pfoten des Hundes, wenn sie in tierischer Begleitung den Schrein besuchen. Auch hier tut man sich als Reisender schwer, Fettnäpfchen zu finden. Wer es wirklich darauf anlegt, sammelt am besten das Kleingeld ein, das die Besucher in die Rinde der Bäume rund um den Schrein stecken, um damit den Kami etwas Gutes zu tun. Damit macht man sich garantiert allseits unbeliebt.

So blamieren Sie sich richtig!

Sprechen Sie in Japan doch mal die Kontroverse um den Yasukuni-Schrein an: Hier werden alle im Krieg Gefallenen verehrt und damit automatisch auch diverse Kriegsverbrecher. Die Besuche japanischer Staatsoberhäupter im Yasukuni-Schrein führen regelmäßig zu Wellen der Empörung in der internationalen Presse. Diskutieren Sie diesen Aspekt daher unbedingt mit jedem Japaner, den Sie treffen, und äußern Sie dazu eine ausführliche Meinung!

Insgesamt ist man in Ostasien recht locker im Umgang mit Religion. Was allerdings nicht heißt, es gäbe in Asien keine Fettnäpfchen, wenn es um Götter und Geister geht.

Unangenehm auffallen, so geht's:

a) Nehmen Sie, egal um welche Religion es sich handelt, unbedingt immer an allen Ritualen teil und singen Sie auch laut mit. Fotografieren Sie sich dabei gegenseitig.
b) Stellen Sie allen Menschen, die Sie in China und Japan

kennenlernen, tausend Fragen zu ihren religiösen Ansichten. Wichtig: Nicht nachlassen, auch wenn sich die Einheimischen sträuben, Auskunft zu geben. Wo käme man da hin, wenn Religion Privatsache wäre!

c) Was wohl in den kleinen Glücksbringer-Säckchen drin ist, die man überall und über alle Religionen hinweg in Ostasiens heiligen Stätten kaufen kann? Schauen Sie einfach mal rein, am besten noch im Tempel selbst!

So blamieren Sie sich richtig!

In buddhistischen Tempeln und in vielen Privathaushalten Asiens heißt es Schuhe aus und Farbe bekennen! Spätestens jetzt lohnt es sich, wenn man für die Reise die löchrigen alten Socken (»die kann ich dann ja nach der Reise wegschmeißen …«) eingepackt hat. Auch qualmende Schweißfüße unterstreichen das asiatische (Vor-)Urteil, dass dem einen oder anderen Europäer ein häufigeres Bad gar nicht schlecht stünde.

In Thailand, Sri Lanka und anderen Ländern, in denen der strenge Theravada-Buddhismus praktiziert wird, gibt es gleich noch eine ganze Reihe weiterer Möglichkeiten, sich danebenzubenehmen. Weniger gute Erfahrungen haben beispielsweise Westler gemacht, die buddhistische Symbole oder Buddha selbst aus rein ästhetischen Gründen auf T-Shirts durch die Gegend tragen oder gar als dekoratives Tattoo gleich neben coolen Sprüchen und anderen lustigen Motiven zur Schau stellen. In Sri Lanka ist dies Grund genug, wegen Verunglimpfung des Buddhismus an der Grenze gleich wieder nach Hause geschickt zu werden. Auch spaßige Fotos mit Buddha-Statuen können ins Auge gehen. Im Sommer 2012 wurden drei französische Touristen in Sri Lanka zu sechs Monaten Arbeitslager auf Bewährung verurteilt und mussten eine Geldstrafe zahlen. Der Grund: Sie hatten mit einer Buddha-Statue posiert und dabei einen Kuss auf eine der Figuren angedeutet. Verpfiffen wurden sie übrigens vom Fotohändler vor Ort, der die Bilder ausdrucken sollte.

Auch in Thailand, wo die Menschen bereit sind, so ziemlich alles zu verzeihen, was in anderen Kulturen das religiöse Aus bedeutet (Transsexualität und Prostitution, um nur zwei Punkte zu nennen), und wo – schenkt man hartnäckigen Gerüchten Glauben – Teile des Rotlichtbetriebs in den Händen von Mönchen liegen, gibt es eine Sache, die alle zuschauenden Thailänder auf der Stelle vor Scham gefrieren lässt: Als Frau einen Mönch zu berühren ist im Theravada-Buddhismus ein absolutes Tabu! Sogar mildtätige Gaben wie Essen oder Getränke dürfen Frauen nicht direkt überreichen. Sie legen ihre Spenden vielmehr auf einem Tuch ab, von dem es die Mönche erst aufnehmen, wenn die Frau die Hände wieder zurückgezogen hat. Damit es im Gedrängel der öffentlichen Verkehrsmittel nicht zu unbedachten Berührungen kommt, ist in thailändischen Bussen oft die hintere Sitzreihe für Mönche reserviert, außerdem sind ihnen auf Bahnhöfen und Flughäfen besondere Wartebereiche vorbehalten.

Achtung!

Wichtig zu wissen ist für Männer, die sich in Thailand ins Kloster zurückziehen wollen: Das Urinieren im Stehen ist auch Mönchen nicht gestattet. Warum, lässt sich nicht mehr mit Sicherheit eruieren, wahrscheinlich ist es aber keine gute Idee, diese Frage auf der Kloster-Toilette zu diskutieren.

Neben den Göttern sind in Asien auch Geister und Dämonen eine wichtige Größe. Egal ob in Japan, China oder Thailand: Wehe man verscherzt es sich mit den jenseitigen Besuchern. So werden in Thailand beim Bau eines Hauses extra Geisterhäuschen aufgestellt, damit die lokalen Erdgeister eine neue Bleibe finden und sich nicht an den Menschen rächen. Regelmäßig erhalten sie dort Opfergaben – ein voller Magen randaliert schließlich weniger schnell. Übel nehmen es einem die Geister zudem, wenn man auf die Türschwelle tritt. Die Thailänder selbst mögen dies übrigens auch nicht – schließlich haben sie dann die verärgerten Schutzgeister am Hals!

Japan ist ebenfalls von Geistern bevölkert – ein Geist zu werden ist nämlich gar nicht so schwer: Nach dem Tod verlässt die Seele den Körper und wartet im Fegefeuer darauf, dass die Beerdigungsriten vollzogen werden. Dann geht die Seele zu den Ahnen und beschützt fortan die Nachfahren auf Erden. So der Idealfall. Stirbt ein Mensch jedoch eines gewaltsamen Todes, wird er in den Selbstmord getrieben oder erhält er nicht die erforderlichen rituellen Handlungen, dann kann sich die Seele in einen *Yurei* verwandeln – einen bösartigen Geist, der fortan die Lebenden piesackt und auf Vergeltung sinnt. Erst nach erfolgreicher Rache oder wenn die richtigen Riten vollzogen wurden, kann der *Yurei* Ruhe finden und sich komplett vom Diesseits lösen.

Was dem Christen das Kreuz zur Abwehr zwielichtiger Gestalten ist, ist dem Japaner der Ofuda: Diese Papierstreifen mit buddhistischen Inschriften halten das jenseitige Gesindel für einige Zeit fern, müssen aber regelmäßig erneuert werden – und natürlich aus einem echten Tempel stammen. Alternativ können auch shintoistische Reinigungsrituale helfen, einen Ort von unliebsamen Besuchern zu befreien. Sich über diese Themen lautstark lustig zu machen geht auch im vermeintlich westlichen Japan schief – hier sollte man als Reisender seine Zweifel also besser für sich behalten.

Gar nicht so viel anders als der ostasiatische Geisterglaube ist die schwarzafrikanische Welt der Hexerei – bei aller christlichen Glaubensfestigkeit. Auch hier heißt es: Späße über Geister, Magie und Verwünschungen sind fehl am Platz. Ebenso wenig sollte man Geister bewusst provozieren oder sie auf die Lebenden aufmerksam machen. Zum Beispiel, indem man Kinder als ganz besonders hübsch oder intelligent bezeichnet. Am Ende lockt man so den Dämon erst herbei! Gleiches gilt übrigens für das ländliche China, wo Mütter ihre Kinder gerne mit abfälligen Kosenamen wie »Hundescheiße« belegen, um den Dämonen zu suggerieren: Hier gibt es nichts Attraktives zu holen! Eine Methode, die sich weltweit bewährt zu haben scheint, denn auch im islamischen Raum – von der Türkei bis zu den Malediven – werden kleine Kinder in manchen Gegenden mit abwertenden Kosenamen bedacht, um böse Geister fernzuhalten.

Das lohnendste Ziel auf der Suche nach religiös bedingten Fettnäpfchen sind sicher die islamischen Länder. Mit rund 1,3 Milliarden Anhängern gehört der Islam nicht nur zu den großen Religionen, er gibt seinen Anhängern auch viele klare Regeln vor, die wortwörtlich zu befolgen sind und die vermeintlich keiner persönlichen Interpretation bedürfen. Natürlich gibt es große regionale Unterschiede, Diskussionen über die religiösen Grundregeln werden jedoch in keinem islamischen Land gerne gesehen – und das ist noch die politisch korrekte Darstellung! Im Nahen Osten, Nordafrika und in Teilen Asiens wie Pakistan, Afghanistan, Indonesien, Malaysia und Brunei sind Glaube und Alltag nicht zu trennen. So werden in Saudi-Arabien während der Gebetszeiten, also fünfmal täglich, Restaurants und Geschäfte geschlossen.

Zu den zahlreichen Tabus in diesen Ländern gehört:

a) das Leugnen der Existenz Gottes beziehungsweise Allahs
b) das Missionieren für eine andere Religion als den Islam
c) der Verzehr verschiedenster Nahrungsmittel sowie der Konsum von Genussmitteln, wie z. B. Alkohol
d) unzüchtige Kleidung

e) das gemeinsame Essen mit Ungläubigen
f) die gegengeschlechtliche Berührung in der Öffentlichkeit.

Je nach Land und Region werden Verstöße unterschiedlich geahndet. Für den Schweizer Reisenden, der im Jahr 2008 wegen einiger Mohnbrötchenkrümel auf dem Hemd in Dubai direkt aus dem Flieger verhaftet und zu vier Jahren Gefängnis verurteilt wurde (Drogen!), dürfte es dabei wenig tröstlich sein zu wissen, dass ihm das in der Türkei so wohl nicht passiert wäre ...

So blamieren Sie sich richtig!

Erwähnen Sie im islamischen Umfeld unbedingt Ihre letzte Reise nach Israel und schwärmen Sie von der landschaftlichen Schönheit der Region. Dabei nicht vergessen: Suchen Sie sich vorher schon mal die Telefonnummer der deutschen Botschaft raus.

Aber auch die US-Amerikaner gelten nicht ganz ohne Grund als vom religiösen Eifer beseelt. Wer unangenehm auffallen will, braucht in den Staaten eigentlich nur ausführlich seinen Atheismus oder Agnostizismus darzulegen. Besonders lohnenswert ist dies auf dem Lande und in Kleinstädten. Dabei gibt es eine erstaunlich hohe Anzahl von Menschen, die in ihrem Leben mindestens einmal ihre Glaubensrichtung ändern: Rund die Hälfte aller Amerikaner haben sich innerhalb der christlichen Kirche neu orientiert und immerhin 28 Prozent sogar komplett ihre Religion gewechselt.

Interessanterweise legen Lateinamerikaner und christliche Südkoreaner, die immerhin gut die Hälfte der Einwohner des Landes stellen, oft eine ähnlich glühende Religiosität an den Tag.

Die religiösen Regeln im Überblick

	Kopfbedeckung	Schuhe an	Zigaretten in der Hemdtasche
christliche Kirchen	✖ (Männer)	✔	✔
Synagoge	✔ (Männer)	✔	✖ (Sabbat)
Moschee	✔	✖	✔ (umstritten)
Hindutempel	✖	✖	✖
buddhistische Tempel	✖	✖	✖ ✔ (je nach Land, in Bhutan verboten)
Shinto-Schrein	✔	✖	✔
Sikh-Gurdwara	✔ (Männer)	✖	✖
chinesischer Tempel (Daoismus)		✔	✔

Elektronik (Handy!)	Fotografieren	m + w getrennt beim Gebet	Nackte Arme/ Beine	Pünktlich sein zum Gottesdienst
✔	✔	⊗	✔ (protest.); ⊗ (kath./orthodox)	✔ (evang./kath.); ⊗ (orthodox)
⊗ (nicht am Sabbat!)	⊗ (nicht am Sabbat!)	✔ m: Hauptraum; w: Empore	⊗	✔
✔ (umstritten)	⊗	✔	⊗	✔
✔ (umstritten)	✔	✔	⊗	⊗
✔	✔	⊗	⊗ (Hinayana-Buddhismus)	✔
✔	✔	⊗	✔	⊗
✔ (lautlos)	✔	✔	⊗ (Männer)	✔
✔	✔	⊗	✔	⊗

Achtung!

Der Zutritt verboten ist den Gläubigen in der katholischen Kirche im Chorraum mit Hochaltar sowie in der Sakristei. In hinduistischen Tempeln dürfen der Schrein und die Zone vor dem Hauptschrein nur vom Priester betreten werden, der innere Shinto-Schrein darf in Japan generell nur bei Zeremonien betreten werden. Für die orthodoxe Kirche gilt: Frauen dürfen nicht hinter die Ikonostasen.

Nett gemeint und doch daneben

Fettnapf 41: Blumen schenken | **Fettnapf 42:** Alkohol mitbringen | **Fettnapf 43:** Keinen Alkohol mitbringen | **Fettnapf 44:** Sofort auspacken

Eine Uhr als Geschenk wird bei uns gern genommen. »Oh, eine alte Uhr! Die ist bestimmt antik«, denkt sich der Deutsche und schaut sich das Präsent genauer an. Welche Geschichten wohl dahinterstecken? Ist es ein Erbstück? Und vielleicht sogar ein bisschen wertvoll?

»Oh, eine Uhr«, denkt sich dagegen der Chinese, während ihm das Lächeln im Gesicht gefriert. Welch schlechtes Omen! Wie kann man nur auf den Gedanken kommen, so etwas zu verschenken?! Und auch noch offensichtlich gebraucht – hat das Budget nicht einmal für eine neue gereicht? Vor allem aber drängt sich ihm die Frage auf: Warum wünscht man mir den Tod? Der Ausdruck »eine Uhr schenken« *(songzhong)* wird nämlich im Chinesischen genauso ausgesprochen wie »sich von einem Verstorbenen verabschieden«. Wer eine Uhr schenkt, der drückt dem Gegenüber daher eine unschöne Erinnerung an die Endlichkeit des Daseins in die Hand oder macht den Sensenmann damit im schlimmsten Fall sogar erst auf ein potenzielles Opfer aufmerksam. Kein guter Start für eine Freundschaft …

Wer über kulturelle Grenzen hinweg schenkt, ist im Grunde genommen immer nur eine dünne Schicht Geschenkpapier vom Fehlgriff entfernt – die Uhr ist nur eine von vielen Möglichkeiten, mit einem netten Präsent interessante Akzente zu setzen. Hier ein paar sichere Fettnäpfchen:

a) Messer zerschneiden in Ostasien die Freundschaft.
b) Lederprodukte sind in Indien fast immer ein Griff ins Klo, vor allem wenn ein Rind (Stichwort: heilige Kühe) dafür sein Leben lassen musste.
c) Blumen stehen in China für Begräbnisse, mit ihnen wünscht man dem Beschenkten also offenbar den Tod an den Hals.
d) Weiße Nelken kommen in Frankreich schlecht an, denn sie gelten als Friedhofsblumen.
e) Chrysanthemen sind in Frankreich, Belgien und Österreich Trauerblumen – und damit für eine nette Geste nicht geeignet.
f) Geschenke zur Geburt mit Storchabbildungen? In Ostasien bringt Meister Adebar den Tod!
g) Perlen zur Hochzeit? Auf den Philippinen besser nicht, denn sie symbolisieren die Tränen, welche die Braut während ihrer Ehe vergießen wird.
h) Äpfel mit ans Krankenbett zu bringen ist in Shanghai keine gute Idee: Im lokalen Dialekt wird Apfel *(bingu)* genauso ausgesprochen wie der Ausdruck »an einer Krankheit sterben«.
i) Bildbände mit Menschenporträts sind in streng moslemischen Ländern problematisch, da sie gegen das Bilderverbot des Islam verstoßen.

So blamieren Sie sich richtig!

Machen Sie Ihren arabischen Bekannten doch einfach mal eine Freude und kaufen Sie eine gute Flasche Schnaps, oder vielleicht ein Portemonnaie aus Schweineleder – das ist schließlich selten und damit auch etwas ganz Besonderes. Für die Kinder gibt es dazu lustige T-Shirts mit Hunde- oder Schweinemotiven. Wer sichergehen will, dass das Geschenk Zeichen setzt, übergibt es mit der linken Hand, und zwar der Frau des arabischen Freundes, die er als herzliche Geste auch noch umarmt. Selbst sehr westlich orientierte Araber dürften unter dieser Fülle von Fauxpas kollabieren. Falls Ihnen dieses Szenario ein wenig übertrieben scheint: Keine falsche Scheu! Hunderte, wenn nicht Tausende Westler haben mit diesen oder ähnlichen Methoden schon Erfolg gehabt. Der Vorteil ist: Damit verkürzt man kostspielige Aufenthalte in Dubai oder Riad auf ein Minimum.

Interessanterweise ist moslemischen Männern, je nach Auslegung, das Tragen von Seide und Goldschmuck verboten. Seidenhemden sind daher nicht gerade ein treffsicheres Geschenk, genauso wenig wie rein goldener Schmuck. Zugegeben, es ist selten, dass Männer Schmuck von Fremden geschenkt bekommen – aber auch in vermeintlich einfachen Situationen sind die internationalen Regeln, was Gastgeschenke betrifft, sehr unterschiedlich. Blumen für den Hausherren? In Russland absolut üblich! In Australien hingegen bringt man bei einem privaten Besuch weder Blumen noch Pralinen mit, sondern eher eine anständige Flasche Alkohol. Allerdings dürfte der Blumen-Fehlgriff hier noch in die Rubrik »schräge ausländische Manieren« fallen und nicht zu Missstimmungen führen. In Norwegen macht man sich beim Gastgeber mit einem Blumengeschenk dagegen schon eher unbeliebt. Aufgrund der extrem hohen Alkoholpreise sind Gäste, die zur Party nichts mitbringen und trotzdem ordentlich beim Whiskey zulangen, sprichwörtlich teuer.

Im Orient und anderen moslemischen Regionen ist der Alkohol wiederum eine riskante Angelegenheit. Bei allen religiösen Regeln freut sich aber auch der eine oder andere über einen guten Kognak, schließlich sind hochprozentige Waren unter Umständen schwer zu bekommen. Auf den Malediven beispielsweise ist Alkohol generell nur auf den Resort-Inseln erlaubt. Für strenggläubige Moslems ist die geschenkte Flasche Alkohol allerdings in jedem Fall ein ordentlicher Affront, schließlich unterstellt man ihnen so quasi, dass sie sich heimlich auch an diesem Teufelszeug laben. In China wiederum sind gute Schnäpse und Weinbrände als Präsent eine sichere Bank. Allerdings keine billige Angelegenheit: Auch im Reich der Mitte kennt man mittlerweile den Unterschied zwischen einem Kognak XO und dem Konkurrenten aus dem Discounter, unter Umständen sogar besser als hierzulande. Schließlich zählt China mehr als eine Million US-Dollar-Millionäre und geschätzte 500 Milliardäre, die sich sicher nicht mehr mit Wein aus dem Tetrapack aufhalten. Zur Sicherheit sei hier noch angemerkt: Mit Spiegeln, Glasperlen und Goldflitter ist in Fernost (entgegen landläufiger Meinung) nicht mehr viel Staat zu machen. Und wer mit Feinstrumpfhosen oder billigen Kugelschreibern aufwartet, braucht niemals wieder vorzusprechen.

Mit dem bloßen Geschenk ist es ohnehin nicht getan: In Asien, im Nahen Osten und in Afrika spielt die Verpackung eine große Rolle. Im Grunde kann man gar nicht genug Schleifen und Glitter verarbeiten! Dabei heißt es jedoch: Finger weg von schwarzem oder weißem Papier! Schwarz und Weiß gelten beispielsweise in Russland, China, Japan und Korea als Farben des Todes. Rot, Gold und Silber sind dagegen immer passend. Gut zu wissen ist: Niemand muss sich selbst die Mühe machen, Schleifen zu binden, es schadet nämlich gar nicht, wenn die Verpackung erkennbar aus einem Markengeschäft stammt.

Die Gelegenheit zum finalen Fauxpas ergibt sich dann übrigens beim Auspacken – oder vielmehr beim erzwungenen Auspacken. Im Orient sowie in Asien und Afrika legt man Geschenke nämlich erst einmal zur Seite, bis der Schenkende gegangen ist. Mit ausdauerndem Drängeln von westlicher Seite lässt sich da zwar noch was machen, und so kommt es schließlich genau zur Situation, die der Beschenkte verhindern wollte: Freude aber auch Enttäuschung oder gar ungläubiges Staunen ob der Geschmacklosigkeiten, die unter dem Geschenkpapier lauern, lassen sich eben kaum verstecken. Steht dem Beschenkten das Entsetzen ins Gesicht geschrieben, kann er es in Asien bei dieser Gelegenheit auch gleich noch verlieren.

Tröstlicherweise gibt es jedoch auch einige nahezu sichere Geschenke: Ein persönlicher Touch kommt eigentlich immer gut an, vor allem in all jenen Ländern, in denen Geschenke eine wichtige Rolle spielen, weil sie die persönliche Beziehung festigen. Typische Spezialitäten der Heimat werden meist gern genommen, solange es sich nicht um Fleischwaren handelt – Blutwurst in Dosen lässt nicht nur Inder, Araber und Israelis innerlich aufjaulen, sie gilt auch in den USA als faszinierend ekelig. Süßes, wie beispielsweise Aachener Printen, handgemachte Pralinen oder Nürnberger Lebkuchen, eignet sich recht verlässlich als Präsent, genauso wie lokales Kunsthandwerk, zum Beispiel Räuchermännchen, Bierkrüge, Souvenirteller, Untersetzer oder Spitzendecken. Reisende aus Herne, Wanne-Eikel oder aus anderen Regionen mit wenigen international bekannten Spezialitäten können alternativ auch zu CDs mit klassischer Musik deutscher Komponisten greifen – auch damit liegt man meist richtig.

Achtung!

Japan ist das Land der Geschenke: Bei jeder Reise (und sei es nur ein Tagesausflug!) heißt es, Freunden, Familienmitgliedern und Kollegen »O-miyage« mitzubringen. Überall im Land finden sich Souvenirgeschäfte, die genau diese Sorte Waren in exquisiter Verpackung anbieten. Und weil wenig Praktisches dabei ist, verkaufen viele Japaner die Geschenke postwendend wieder unausgepackt in den darauf spezialisierten »Hard-off«-Läden. Mit ein wenig Glück findet der Tourist hier sogar ein Geschenk mit Widmung des Provinzgouverneurs oder ähnlicher Honoratioren – je nachdem, ob der Politiker ein glückliches Händchen beim Schenken hatte …

Ein weiterer Moment, um auf dem internationalen Parkett unangenehm aufzufallen, ist die Geschenkübergabe. Während man es in moslemischen Ländern tunlichst vermeiden sollte, das Präsent mit der linken Hand zu überreichen, sollte man dies in Ostasien immer mit beiden Händen tun. In Japan gehört noch eine Verbeugung dazu.

Wer das Geschenk nun jeweils wem überreichen darf ist ebenfalls von Land zu Land verschieden: Während es sich in moslemischen Ländern gehört, dass Männer den Männern und Frauen den Frauen die Geschenke übergeben, ist es in der westlichen Welt sowie in Lateinamerika eher üblich, dass der Mann der Frau das Präsent in die Hand drückt. Auch ist es bei uns gern gesehen, wenn es Geschenke für alle gibt, während man sich in moslemischen Ländern und in Ostasien (Japan ist in dieser Hinsicht eine Ausnahme) meist mit Geschenken für den Hausherren bzw. Chef begnügt.

Nicht unterschätzen sollte man die Wichtigkeit des Kitsch- und/oder Protzfaktors beim Geschenk: Dieser ist nämlich sowohl in moslemischen als auch in asiatischen Ländern sehr ausgeprägt, in der westlichen Welt freut man sich dagegen eigentlich nur in den USA über die besonders kitschigen Geschenke, während man in Osteuropa beim Schenken stark auf den Protzfaktor setzt.

So blamieren Sie sich richtig!

Lust auf einen tollen Teppich oder eine schöne Vase aus privater Hand? Bewundern Sie in den Golfstaaten oder in Afrika beim Hausbesuch einfach ein schönes Objekt so lange, bis Sie es geschenkt bekommen. Während Sie den Transport des sperrigen Guts nach Hause organisieren (Fluglinien lieben zerbrechliches Frachtgut von der Größe eines Kleiderschranks!) kann es nicht schaden, sich schon einmal Gedanken zu machen, welches genauso teure Gegengeschenk infrage käme und wie Sie die nunmehr auf Höchstmaß geschraubte Geschenkespirale in Zukunft finanzieren wollen.

Wo die Uhren anders ticken

Fettnapf 45: Pünktlich kommen | **Fettnapf 46:** Unpünktlich kommen

Es ist acht Uhr, der Abendverkehr in Neu-Delhi verstopft die Straßen. Unruhig blicken die beiden westlichen Passagiere aus dem Taxifenster auf das Chaos aus Tuktuks, Mopeds, Autos, Radfahrern und Kühen. Immerhin sind sie auf dem Weg zu einer privaten Einladung bei indischen Kollegen – eine seltene Ehre, wer wollte da zu spät kommen. Mit nur fünf Minuten Verspätung biegt das Taxi schließlich in die Hauseinfahrt ab. Erleichtert greifen die beiden ihre Mitbringsel und eilen zum Eingang. Die Hausangestellte im adretten Schürzchen öffnet die Tür und führt die ausländischen Gäste ein wenig erstaunt ins Wohnzimmer. Erst gut eine halbe Stunde später lässt sich der Hausherr blicken, die Haare noch feucht vom Duschen und gar nicht so entspannt, wie man es sich bei einem fröhlichen Gastgeber so vorstellt. Um es kurz zu machen, Sie ahnen es schon: Die Gäste sind zu früh. Viel zu früh. Eine indische Einladung nimmt man nicht pünktlich oder mit dem akademischen Viertel, sondern vielmehr mit dem indischen Dreiviertel wahr. Auch in Südeuropa ist Pünktlichkeit bei Einladungen eher ungewöhnlich. Wer auf die Minute genau zur Party kommt, erwischt seine Gastgeber wahrscheinlich bei den letzten Vorbereitungen – und sitzt hernach einsam in der Küche auf der mühsamen Suche nach einem Konversationsthema, bis die anderen Gäste eintrudeln.

Achtung!
Bei privaten Einladungen im Ausland sollten Sie unbedingt Lektüre und Kreuzworträtsel samt Stift einpacken. Und zwar nicht als Präsent, sondern um die Unterschiede zwischen offizieller und De-facto-Startzeit zu überbrücken, die bis zu zwei Stunden betragen können.

Im Grunde genommen lässt sich die Welt in zwei Zonen einteilen: Die der Pünktlichen und die der Unpünktlichen. Die Pünktlichen brauchen einen festen Zeitrahmen: Es schmerzt den Deutschen, Termine abzusagen, zu verschieben oder in die Zukunft zu blicken, ohne einen festen Zeitrahmen zu haben. Er will wissen, was war oder gewesen ist, und sehnt sich genauso danach zu wissen, was sein wird oder gewesen sein wird – grammatikalisch wie psychologisch. Am liebsten hat er alles mit genauer und verlässlicher Zeitangabe und der Möglichkeit, die Abläufe durch striktes Management zu beherrschen. *Monochron* nennt man dieses Modell, wie es der Westeuropäer lebt. Der Fatalismus des Orients – der übrigens auch in Israel herrscht – raubt ihm den letzten Nerv. Allerdings beruht dieses Gefühl auf Gegenseitigkeit: Menschen, die darauf beharren, dass Zeitpläne garantiert eingehalten werden, gelten in den meisten Ländern Südamerikas, Afrikas und Asiens als wunderlich und manchmal auch als lästig. In diesen »polychronen« Regionen laufen viele Dinge gleichzeitig ab, und das geht nicht ohne Terminkollisionen. Selbst im höchst strikten und gut geregelten Singapur sollte man Termine tunlichst noch einmal rückbestätigen. Oder rück-rück-rückbestätigen und ganz tapfer sein, wenn der verabredete Ansprechpartner dann doch nicht da ist. Weil zum Beispiel ein anderer wichtiger, sehr kurz anberaumter Termin dazwischenkam.

Wie unterschiedlich zeitliche Planung ausfallen kann, zeigt der Umgang mit dem Urlaub: Fast drei Viertel aller Chinesen und Russen buchen selbst Langstreckenreisen weniger als einen Monat vor Reisebeginn. Der Anteil der Frühbucher, die mehr als vier Monate im Voraus planen beträgt in diesen Ländern sogar nur sechs beziehungsweise acht Prozent. Im Vergleich dazu sehen die Deutschen und Holländer mit rund einem Drittel Frühbuchungen geradezu langweilig aus!

Kein Wunder, dass Asiaten ihre westlichen Geschäftspartner gewollt oder ungewollt zermürben, indem sie eine schier unglaubliche Geduld an den Tag legen, wenn es der Westler eilig hat, und dagegen blitzschnell entscheiden, wenn der Ausländer noch Zeit bräuchte. Nur die Japaner halten in Asien tapfer das monochrone Fähnlein der Pünktlichkeit hoch: Verspätet sich beispielsweise der pfeilschnelle Shinkansen-Zug, kommen die Fahrgäste in den Genuss einer Entschuldigung per Lautsprecher, die ungefähr so lang ist wie die Verspätung selbst.

In Peru wiederum beginnt die »hora exacta«, also das pünktliche Erscheinen, genau 30 Minuten später. So eine Art doppeltes »ct«. Weil die Peruaner das wissen, geben sie bei zeitlich gebundenen Terminen gleich die halbe Stunde dazu. Die Gäste sind dann quasi pünktlich. Nur der ahnungslose Deutsche steht schon seit einer halben Stunde dumm rum. Ist keine »hora exacta« angegeben, kann es noch weitaus später werden.

Auch in Indien nimmt man es mit dem ausgemachten Zeitpunkt nicht so genau: die »Indian Flexible Time«, wie sie vor Ort ein wenig ironisch genannt wird, überrascht den Besucher und lässt ihn ständig zum falschen Zeitpunkt auftauchen.

Nun könnte man meinen, solche Werte ließen sich einfach auswendig lernen: Indien plus 30 Minuten, Oman plus 30, Senegal plus 15 … quasi wie eine internationale Temperatur- und Wetterkarte. Doch Achtung! Auch dem erfahrenen Reisenden mangelt es auf dem Gebiet der Pünktlichkeit nicht an Möglichkeiten, sich gründlich zu blamieren: »Gut, dann komme ich eben auch immer ein bisschen zu spät«, denkt er sich – und verprellt seine Gastgeber, die zwar gerne die Zeit vergessen, von einem Deutschen jedoch etwas mehr Pünktlichkeit erwartet hätten. Dafür sind sie schließlich in der Welt bekannt!

Achtung!

Taschenrechner-Apps fürs Handy helfen unterwegs, immer pünktlich anzukommen. Addieren Sie zur offiziellen Startzeit die üblichen Verspätungszeiten, ziehen Sie eine halbe Stunde ab, weil Sie aus Deutschland stammen, und legen Sie in Städten mit mehr als einer Million Einwohner eine Stunde für den Feierabendverkehr drauf. Wenn Sie mit dem Auto anreisen, kommt noch eine halbe Stunde für die Parkplatzsuche dazu. Ziehen Sie danach die Zeitverschiebung zu Deutschland ab (plus/minus Sommerzeit), damit Sie wissen, ab wann Sie ungefähr einen Jetlag vorschützen können, um langweilige Besuche abzukürzen.

Regeln der Pünktlichkeit sind ein klassisches interkulturelles Minenfeld, weil sie den wichtigsten Kriterien gerecht werden: a) Man glaubt die eigene Haltung sei völlig normal und b) man sieht die Unterschiede nicht. Ergo ist es ein todsicherer Fettnapf, wenn man gegen das lokale Zeitverständnis agiert und pünktlich kommt, obwohl eine Verspätung angemessen gewesen wäre, oder man zu spät kommt, obwohl es einem nicht zusteht.

Gerade letzterer Aspekt bietet viel Potenzial. Es ist nämlich so: Zeit ist Macht. Wer andere warten lassen kann, ist wichtig. Diese »soziale Zeit« ist in vielen Kulturen völlig unabhängig von der De-facto-Uhrzeit und Pünktlichkeit damit weniger die Höflichkeit der Könige, als die Notwendigkeit der Machtlosen. Sich nicht nach der Zeit der Mächtigen zu richten, kann regelrecht subversiv sein: So gilt beispielsweise auch in Westchina die Pekinger Zeitzone – vor Ort bedeutet dies, dass die Sonne um neun Uhr aufgeht und es erst spät am Abend dunkel wird. Nach offizieller Uhrzeit. Manch ein lokaler Machthaber hat jedoch inoffiziell längst eine eigene Zeit eingeführt, was für Reisende exzellente Möglichkeiten der Blamage in sich birgt: Vom mittags eingenommenen Frühstück und schwierigen Verabredungen bis hin zu Verwirrungen bei jeglichen Fahrplänen.

Vor allem aber bestimmen Status und Macht, wer wie lange auf wen warten sollte. Je nach Kultur übersetzt sich dies in unterschiedliche Minuten- oder gar Stunden-Standards: Bei einem Treffen zwischen Vorgesetztem und Angestellten dürfte der Untergebene überall auf der Welt ein wenig länger warten. Wie lang genau ist wiederum eine kulturelle Frage. Oft ist es sogar so, dass in Regionen polychroner Zeit pünktliche Menschen als unwichtig wahrgenommen werden, ganz nach der Devise: »Nur wer muss, ist pünktlich und verfügbar.«

Genauso bestimmt die soziale Zeit, wie lange ein Besuch dauern sollte und wann er beendet ist: Wenn der Alkohol leer getrunken ist? Wenn die Gastgeber gähnen? Oder schickt es sich generell nicht, eine bestimmte Verweildauer zu überschreiten?

Wird Pünktlichkeit bei geschäftlichen Terminen erwartet? (max. Toleranz)

👎 Dubai (+ 15 Minuten)
👍 Deutsche Besucher in Dubai (+ 5 Minuten)
👎 Brasilien (+ 60 Minuten)
👎 Deutsche Besucher in Brasilien (+ 60 Minuten)
👎 Indien (+ 30 Minuten)
👍 Deutsche Besucher in Indien (+ 10 Minuten)
👎 Kongo (+ 60 Minuten)
👎 Deutsche Besucher im Kongo (+ 60 Minuten)
👍 Japan (+ 0 Minuten)
👍 Deutsche Besucher in Japan (+ 0 Minuten)

Wird Pünktlichkeit zum Abendessen erwartet? (max. Toleranz)

👍 Schweiz (+ 0 Minuten)
👎 Brasilien (+ 120 Minuten)
👍 Japan (+ 10 Minuten)
👍 Ungarn (+ 10 Minuten)
👎 Nigeria (+ 15 Min)
👍 Schweden (+ 0 Minuten)
👍 Indien (+30 Minuten)

Wann gehen die Gäste bei einer Einladung im Restaurant?

Indien: Nach dem Dessert
China: Wenn der Gastgeber aufsteht (direkt nach dem Essen)
Arabische Emirate: Nach dem Kaffee/Tee
Italien: Nach dem Kaffee
Rumänien: Open End
Deutschland: Open End

Tretminen bei Tisch

Fettnapf 47: Mit den Fingern essen | **Fettnapf 48:** Nicht mit den Fingern essen | **Fettnapf 49:** Aufessen | **Fettnapf 50:** Nicht aufessen

Man muss es ihnen lassen: Adaptionisten und Gutmenschen haben die Sache mit den Tischmanieren meist recht schnell raus. Allerdings reisen sie auch unter dem enormen Anspruch, sofort nach Verlassen des deutschen Staatsgebiets die Sitten des Gastlandes perfekt anzunehmen und wie kulturelle Chamäleons in der Masse unterzugehen. Gut, dass sie meist noch jung und gelenkig sind, denn die perfekte Anpassung erfordert nicht selten orthopädische Höchstleistungen – oder können Sie ein mehrgängiges Menü auf den Knien ohne Gelenkschmerzen überstehen?

In den meisten arabischen und afrikanischen Ländern (und auch in großen Teilen Asiens) wird am Boden gegessen. Männer kommen dabei noch vergleichsweise bequem mit dem Schneidersitz weg, während Frauen mit einer keuscheren Variante kniend besser beraten sind. Dabei schickt es sich weder für Männer noch für Frauen, die nackten Füße in Richtung Essen zu strecken, was die Möglichkeiten akzeptabler Sitzpositionen erheblich einschränkt. Aufstehen und sich die Beine vertreten, während andere noch essen, ist in Afrika und Asien natürlich genauso unhöflich wie in einer westlichen Runde. Dummerweise sollte man sich in Afrika auch nicht mit der linken Hand aufstützen, diese Geste ist in etwa damit vergleichbar, als würde man sich in Europa mit den Ellenbogen auf dem Tisch und dem Kinn auf den Handinnenflächen ausruhen. Wer behauptet, dieses Sitzdilemma auf Anhieb gemeistert zu haben, ist entweder Profiturner oder ein schamloser Lügner.

Eine weitere beliebte Methode, im Ausland unangenehm aufzufallen, ist der Einsatz der Finger beim Essen. Und zwar ausgerechnet dort, wo man korrekterweise mit der Hand isst. Die Sache ist nämlich so: Afrikaner können das, Europäer eher nicht. Versuchen Sie einfach mal, einen Klacks Fufu (Yamsbrei von der Konsistenz eines festen Kartoffelpürees) zusammen mit Hühnchen (natürlich mit Knochen) und Tomatensoße mit einer Hand zu rollen und zum Mund zu führen. Noch über dem Teller rutscht einem das Zeug größtenteils wieder aus den Pfoten – und da heißt es noch Glück gehabt, dass man den Ballast nicht erst auf halbem Weg zum Mund abgeworfen hat –, während die Tomatensoße in den Ärmel läuft. Insgesamt sind solche interkulturellen Menüs für Gastgeber und Gäste eine Erfahrung, die sie so schnell nicht vergessen. Auch der Flecken wegen.

Blamieren kann man sich natürlich auch zu Hause in Europa – quasi zum Üben, bevor man im Ausland in die Vollen langt. Wussten Sie zum Beispiel, dass man den Teller im Restaurant so stehen lassen muss, wie er hingestellt wurde? Also kein munteres Drehen, bis das Steak gut platziert ist und man es absäbeln kann, ohne den Ärmel in die Soße zu tunken. Suppenreste sind ebenfalls eine delikate Angelegenheit, weil man den Teller (wenn überhaupt, Sie Banause!) nur zur Tischmitte kippen darf. Auch notorische Milchschaumlöffler outen sich in besseren Kreisen als Crétins.

So blamieren Sie sich richtig!

In amerikanischen Restaurants wacht der Maître d' *über die Kellner und die Sitzverteilung. Machen Sie ihm keine zusätzliche Arbeit, sondern schleichen Sie sich doch lieber unauffällig an einen*

Tisch, dessen Gäste ihr Mahl so gut wie beendet haben. Positionieren Sie sich strategisch günstig und vor allem gut sichtbar – nicht dass diese Trödler am Ende auf den Gedanken kommen, noch einen Kaffee oder ein Dessert zu bestellen.

Sämtliche auf der Welt existierenden Tischsitten ließen sich wohl nicht einmal auf 300 Seiten ausführlich beschreiben. Interessant ist aber: Die Möglichkeiten, sich beim Essen zu blamieren, kreisen überall auf dem Globus um dieselben Fragen. Nur die Lösung sieht eben je nach Region ein wenig anders aus:

Womit wird gegessen?

Rund vier Milliarden Menschen essen weltweit mit den Fingern, wobei meist nur die rechte Hand zum Einsatz kommt. Messer und Gabel sind im Vergleich dazu die Instrumente einer kulinarischen Minderheit. Nur etwas mehr als eine Milliarde der rund sieben Milliarden Menschen benutzen regelmäßig Besteck. Die immerhin fast zwei Milliarden Stäbchennutzer liegen im statistischen Mittelfeld. Dass sich Europäer gerade mit den Stäbchen so blamieren, liegt übrigens nicht an deren Handhabung, sondern dies ist eher der Tatsache geschuldet, dass Asien touristisch zu den wichtigsten Fernreiseregionen gehört, es also besonders viele Gelegenheiten gibt, die Stäbchen falsch anzupacken. Schöne Effekte lassen sich bereits erzielen, indem man die Stäbchen senkrecht in den Reis steckt. So werden nämlich nur die Speisen am Ahnenaltar serviert, das heißt man ruft so quasi den Tod an den Tisch – sehr zum Entsetzen aller Asiaten in der Runde, die lieber ohne Sensenmann essen möchten.

Wie isst man mit den jeweiligen »Esswerkzeugen«?

Spätestens beim Anblick einer festlich gedeckten Tafel in Frankreich verblasst die Stäbchen-Herausforderung. Mit dem Tipp »von außen nach innen« lassen sich zwar viele, aber eben nicht alle Fragen beantworten, zumal am oberen Tellerrand in der Dessertabteilung das Prinzip von unten nach oben gilt. Jetzt heißt es bei den anderen Teilnehmern der Runde abschauen oder nach dem Trial&Error-Verfahren vorgehen – auch wenn das Hummerbesteck immer ein wenig so wirkt, als wolle man dem Tischnachbarn zum Nachtisch noch einen Backenzahn ziehen.

Doch auch mit einer einzigen Gabel lässt sich viel falsch machen. Nach britischen und australischen Regeln hält man sie grundsätzlich mit den Zinken nach unten. Wer in Großbritannien Erbsen bestellt, ist also zwangsläufig auf dem Weg zur Blamage. Und zwar auf die ganz langsame, zähe Art! Erbsen mit der gebogenen Gabelseite nach oben zum Mund zu transportieren, erfordert viel Geschick, will man dem Gemüse nicht zusehen, wie es munter über den Tisch hüpft. Vor allem bei geschäftlichen Terminen ein lustiges Schauspiel! Alternativ spießt man sie einfach auf – was allerdings keine wirklich effiziente Methode ist.

Eltern mit Kleinkindern und dem schier übermächtigen Drang, alles auf dem Teller erst mal kleinzuschneiden, sind in den USA gut aufgehoben. Hier wird jedes Gericht zunächst in mundgerechte Stücke geschnitten und dann ausschließlich mit der Gabel in der Rechten gegessen.

Aufessen oder einen Rest übriglassen?

Kleckern, Stäbchen fallen lassen oder zu früh zum Essen erscheinen – all diese Fauxpas erblassen vor der unterschätzten Quantitätsfrage: Wie viel soll oder muss man essen? Während in Deutschland Essenreste kausal mit Schlechtwetterlagen verknüpft sind (die Drohung »Wenn du den Teller nicht leer isst, dann regnet's morgen« ist mittlerweile übrigens wissenschaftlich widerlegt), bedeutet ein leerer Teller nach dem Mahl im arabischen Raum und in China nur eines: Der Gast ist noch nicht satt. Peinlich, peinlich für den Gastgeber, der nun so lange nachschaufelt, bis der westliche Gast schier platzt, weil jener wiederum davon überzeugt ist, gegen die Etikette zu verstoßen, wenn der Teller nicht blitzeblank zurückbleibt. Außerdem: Wer will schon einen verregneten Urlaub? In Japan wiederum wäre es eher unhöflich, Essensreste zurückzulassen: Welch eine Verschwendung! Wer sich mehr nimmt, als er essen kann, wirkt hier zügellos und gierig.

Wohin mit den Händen?

»Hände auf den Tisch«, heißt es bei deutschen und osteuropäischen Kindern, in Skandinavien und Großbritannien wiederum ermahnt man die Kleinen, die Linke auf dem Schoß liegen zu lassen. Chinesische Kinder haben es da einfacher, sie benutzen die Linke, um die Reisschüssel unter der Unterlippe zu platzieren. Genau dafür gibt es in Korea aber einen Rüffel: Wie unzivilisiert! Völlig ohne linke Hand kommt man bei Tisch auch in Afrika, Arabien und Indien aus (siehe auch Kapitel »Von Kopf bis Fuß: Böse Körperteile«).

Wie geht's los?

Während das Brechen allgemein der Endpunkt einer missratenen Mahlzeit ist, gilt das Brot-Brechen in Frankreich und Deutschland als offizieller Start. Das fröhliche »Guten Appetit« gehört sich an deutschen Tafeln eigentlich nicht, zumindest nicht in besseren Kreisen. In Frankreich dagegen wäre es höchst unhöflich, seinem Gegenüber das »Bon appetit« zu verweigern. In Mexiko bietet man das *provecho* sogar Fremden im Vorrübergehen an. In China wiederum mahnt man sich *man man chi* (langsam essen), was jedoch keine Maßregelung ist, sondern eher der Hinweis, dass man sich ruhig Zeit nehmen soll. Wer je zugesehen hat, mit welcher Staubsauger-gleichen Geschwindigkeit eine chinesische Großfamilie einen Tisch säubert, weiß, wozu dieser Hinweis gut ist.

Zulangen darf man in Europa, wenn der Gastgeber das Besteck in die Hand genommen hat, in Asien und Afrika jedoch, wenn der Gast den ersten Bissen nimmt. Im familiären Kreis beginnt der Älteste der Runde.

Stimmung oder nicht?

Für die einen ist Essen eine geradezu rituelle Handlung, für andere einfach nur ein Heidenspaß und ein hedonistisches Ereignis. Zwischen einer fröhlichen chinesischen Runde mit der Geräuschentwicklung eines startenden Düsenjets und einem stillen norddeutsch-protestantischen Mahl liegen nicht nur viele Kilometer, sondern auch etliche Phon.

Je stimmungsgeladener die Runde, desto eher werden in China dezente Rülpser, Rauchen und der unkomplizierte Umgang mit Fremdkörpern toleriert. Knochen und Schalen landen oft einfach auf dem Boden oder auf dem Tisch, weswegen die Angestellten nach dem Mahl der Einfachheit halber mit einer großen Plastikschüssel abräumen. Generell fährt man nicht schlecht mit der einfachen Grundregel: Je gleißender und bläulicher die Neonbeleuchtung, desto rudimentärer die Regeln bei Tisch.

Wann nimmt man eine Einladung an?

»Wie wär's mit einem kleinen Snack?« Wer auf diese Frage im Orient freudig nickt, kommt fast ein bisschen gierig rüber. Ein-, zweimal höflich ablehnen (natürlich so, dass der Fragende schon ahnt, dass es beim dritten Versuch doch noch was wird), das gehört sich einfach. Auch in China fragt man klassischerweise dreimal, bevor ein Angebot angenommen wird.

Wer zahlt?

Egal ob in Vietnam, Dubai oder Maputo: Die deutsche Methode, nach dem Restaurantbesuch nur die eigenen Speisen zu bezahlen, wirkt geizig. Üblich ist nahezu überall in Asien,

Afrika und Südamerika, dass abwechselnd einer in der Runde für alle zahlt. Unter Studenten mag es angehen, zusammenzulegen, aber ganz sicher nicht auf den Cent genau. In China arten die Kämpfe um die gemeinsame Rechnung in regelrechte Rangeleien aus, sodass Kenner vor dem letzten Gang einen Toilettenbesuch vortäuschen und heimlich für alle bezahlen.

Wie lange dauert ein Essen?

China, Japan und Korea machen es dem offiziellen Gast leicht: Nach dem letzten Gang, meist dem Dessert oder Kaffee, ist Schluss. In Brasilien hat man Deutsche schon weinen sehen, weil einfach kein Ende in Sicht war und immer wieder noch ein Kaffee und noch ein Dessert bestellt wurden.

Zu guter Letzt noch mal ein schneller Überblick über mögliche Minenfelder bei Tisch:

Korea

👍 pünktlich kommen
👍 sich mehrfach zum Essen auffordern lassen
👍 Suppe schlürfen
👍 beim Essen reden
👍 dezent rülpsen
👍 Rauchen bei Tisch
👎 mit der Hand essen
👎 Hände auf den Tisch
👎 essen, solange es noch warm ist
👎 Teller leer essen
👎 nach dem Essen rumsitzen

Südafrika

👍 pünktlich kommen
👍 mit der Hand essen
👍 Hände auf den Tisch

👍 beim Essen reden
👍 essen, solange es noch warm ist
👍 Teller leer essen
👍 nach dem Essen rumsitzen
👎 sich mehrfach zum Essen auffordern lassen
👎 Suppe schlürfen
👎 dezent rülpsen
👎 Rauchen bei Tisch

Russland

👍 sich mehrfach zum Essen auffordern lassen
👍 mit der Hand essen
👍 Hände auf den Tisch
👍 essen, solange es noch warm ist
👍 beim Essen reden
👍 dezent rülpsen
👍 Rauchen bei Tisch
👎 pünktlich kommen
👎 Suppe schlürfen
👎 Teller leer essen
👎 nach dem Essen rumsitzen

Dubai

👍 pünktlich kommen
👍 sich mehrfach zum Essen auffordern lassen
👍 essen, solange es noch warm ist
👍 mit der Hand essen
👍 beim Essen reden
👍 dezent rülpsen
👍 Rauchen bei Tisch
👍 nach dem Essen rumsitzen
👎 Hände auf den Tisch
👎 Suppe schlürfen
👎 Teller leer essen

China

- 👍 pünktlich kommen
- 👍 sich mehrfach zum Essen auffordern lassen
- 👍 essen, solange es noch warm ist
- 👍 beim Essen reden
- 👍 dezent rülpsen
- 👍 Rauchen bei Tisch
- 👎 mit der Hand essen
- 👎 Hände auf den Tisch
- 👎 Suppe schlürfen
- 👎 Teller leer essen
- 👎 nach dem Essen rumsitzen

Japan

- 👍 pünktlich kommen
- 👍 sich mehrfach zum Essen auffordern lassen
- 👍 Hände auf den Tisch
- 👍 Suppe schlürfen
- 👍 beim Essen reden
- 👍 dezent rülpsen
- 👍 Teller leer essen
- 👍 nach dem Essen rumsitzen
- 👎 essen, solange es noch warm ist
- 👎 mit der Hand essen
- 👎 Rauchen bei Tisch

Uganda

- 👍 sich mehrfach zum Essen auffordern lassen
- 👍 essen, solange es noch warm ist
- 👍 mit der Hand essen
- 👍 Suppe schlürfen
- 👍 leise rülpsen
- 👍 Rauchen bei Tisch
- 👍 nach dem Essen rumsitzen

- 👎 pünktlich kommen
- 👎 beim Essen reden
- 👎 Teller leer essen

Chile

- 👍 essen, solange es noch warm ist
- 👍 Hände auf den Tisch
- 👍 beim Essen reden
- 👍 Teller leer essen
- 👍 nach dem Essen rumsitzen
- 👎 pünktlich kommen
- 👎 sich mehrfach zum Essen auffordern lassen
- 👎 mit der Hand essen
- 👎 Suppe schlürfen
- 👎 dezent rülpsen
- 👎 Rauchen bei Tisch

In die Pfanne gehauen

Fettnapf 51: Schoßtiere essen | **Fettnapf 52:** Keine Schoßtiere essen | **Fettnapf 53:** Auf Diät sein | **Fettnapf 54:** Nicht auf Diät sein

Klein, oval und durchaus knusprig liegen zwei braune Fleischstücke auf dem Teller. Rechts und links greifen die Gäste der Grillparty bereits eifrig zu, während auf dem Rost der Nachschub kokelt und sich in der lauen Abendluft ein leckerer Fleischgeruch ausbreitet. Allerdings krankt die gastliche Idylle an zwei entscheidenden Stellen: Das Fleisch ist Schafshoden – und die beiden Stücke liegen auf meinem Teller. Diese betrüblichen Tatsachen lösen einen ganzen Fragekatalog aus: Muss ich das wirklich essen? Was, wenn es der Ekel wieder rauftreibt? Gibt es eine Möglichkeit, die beiden Leckereien unauffällig verschwinden zu lassen? Und vor allem: Wieso macht es den Neuseeländern überhaupt nichts aus, so ein ekelhaftes Zeug zu essen? Mit der Vorliebe für Hoden stehen sie übrigens keineswegs alleine da. Auch in Spanien, Griechenland und Australien, um nur einige Länder zu nennen, weiß man die potenten Fleischlappen zu schätzen, in Nord- und Südamerika landen die Stierhoden als »Prairie Oysters« auf der Speisekarte.

Quasi überall auf der Welt verspeist der Mensch das Fleisch von Tieren. Lediglich in der Frage, welche Tiere das sind und welche Teile als besonders lecker gelten, gehen die Meinungen auseinander: Ob Seidenraupen in Kambodscha, Fledermaussuppe in Palau, Euter in Frankreich, gebratene Bienen in China oder Kalbsbries in Österreich (für alle, die es nicht kennen: das ist Hirn!), jede Kultur hat ihre Spezialitäten, die nicht überall auf der Welt gut ankommen oder überhaupt als essbar wahrgenommen werden. Dies ließe sich problemlos in der Kategorie »lustige Fakten zu fernen Ländern« verbuchen, landeten diese Spezialitäten nicht hier und da auch auf dem Teller des Reisenden. Schlimmer noch: In vielen Kulturen ist es der ultimative Affront, wenn sich der Fremde zu seinem Ekel vor den lokalen Leckereien bekennt. Auf der internationalen Reise-Horror-Hitparade rangieren ekelige Spezialitäten daher gleich hinter Raubüberfall und Verkehrsunfall.

Achtung!

Stellen Sie sich nicht so an. Wer sich ein einziges Mal in Ecuador überwindet und Meerschweinchen probiert, ist nie wieder um eine Partygeschichte verlegen (alternativ tun es auch Hund in China oder geröstete Maden in Afrika) und steht dabei gleichzeitig unglaublich offen und multikulturell da. Für internationale Spezialitäten, die mittlerweile auch in Deutschland erhältlich sind, gibt es allerdings Punkteabzug – Kängurusteak und Krokodilragout sind einfach nicht mehr abstoßend genug.

Allerdings ist es mitnichten so, dass es immer die Einheimischen sind, die einem das ekelige Zeug auf den Teller schmuggeln. Dummerweise begibt man sich oft ganz ohne fremde Hilfe in die peinliche Situation, den interkulturellen Konflikt auf dem Teller ausfechten zu müssen. In der Regel adeln blumige Namen und schöne Formulierungen die dubiosen Zutaten auf der Speisekarte, und so gehören Fehlbestellungen zum klassischen Geschichtenrepertoire aller Reiserückkehrer. Um beim Beispiel Neuseeland zu bleiben: »Guess the Mess« oder »Headlights Delight« klingen interessant. Hinter den lustigen Namen verbirgt sich allerdings gegrilltes Beuteltier mit Äpfeln und Süßkartoffeln – was übrigens auch nicht allen Neuseeländern das Wasser im Mund zusammenlaufen lässt.

Zu den ganz großen Schreckensvisionen internationaler Reisender gehören natürlich Hund und Katze in China. Hier heißt es: Je blumiger die Speisekartenkreationen, desto fragwürdiger sind oft die Zutaten. Geht es nach offiziellen Namen, gibt es Hund nämlich gar nicht auf der Karte, dafür aber leckeres »Duftfleisch«. Was zugegeben gar nicht schlecht schmeckt, aber letztlich dann doch Hund ist. Auch Grashuhn (Frosch), Drache (Schlange) und Tiger (Katze) verraten ihre wahre Identität nicht auf den ersten Blick. Neben den Namen ist auch der Preis ein wichtiges Indiz: Skurrile Kreationen wie Leopardenragout, Hirnpenis und Fischlippen gehören nicht wirklich zu den günstigen Gerichten.

Mit dem Hang zu ausgefallenen Zutaten steht China allerdings nicht alleine da. Auch der japanische Kugelfisch ist nicht nur ausnehmend teuer, sondern wirkt bei falscher Zubereitung tödlich.

Nun muss man dazusagen: Derartige Leckereien werden nicht ihrer Schmackhaftigkeit wegen gegessen. Wer sich in China Pangolin-Ragout bestellt, der tut es, weil er es sich leisten kann. Und natürlich nur dann, wenn es andere wichtige Menschen mitbekommen. Auch Kugelfisch soll geschmacklich keine Postkarte wert sein, hat aber den Vorteil, dass es ziemlich cool wirkt, wenn man so mutig dem Tode trotzt. Eine Einladung zu solchen Leckereien ist daher doppelt Fettnapf-gefährlich: Wer hier Nein sagt, steht nicht nur als Waschlappen da, sondern lässt auch schnell mal ein paar hundert Euro in die Küche zurückgehen.

So blamieren Sie sich richtig!

Wer eine steife Runde in einem japanischen Kugelfischrestaurant auflockern will, sollte es mit Sätzen wie »Oh, meine Zunge kribbelt« oder mit vorgetäuschter Atemschwäche probieren. Eine inspirative Liste der Vergiftungssymptome für weitere Scherze findet man im Internet unter dem Stichwort »Tetrodotoxin«.

Wer solch eine kulinarische Mutprobe im Ausland bestanden hat, will natürlich auch belohnt werden. Am besten mit Bewunderung. Zurück in der Heimat heißt es daher cool sein: »Hund? Na logisch hab ich den probiert, warum auch nicht!« Doch Achtung, für den Verzehr von Schoßtieren gibt es in der Heimat nicht nur Pluspunkte. Vor allem Männer auf der Balz sollten sich mit solchen Geschichten erst einmal zurückhalten.

Ekelige Sachen zu essen gibt es allerdings überall auf der Welt – auch in Europa: Die Belgier locken beispielsweise mit dem *Sandwich Américain*. Küchenprofis wissen: *à l'américaine* bedeutet »mit Cognac flambiert und dann mit Weißwein gelöscht«. Stimmt. Aber nicht in Belgien. Dort wird ein Baguette mit rohem Hackfleisch so genannt. Dumm, wenn man dieses etwas großmäulig bestellt und es dann nicht herunterwürgen kann. Einen Deutschen erschreckt dies weniger, Amerikaner und Briten finden rohes Fleisch auf Brot allerdings ziemlich ekelig. Auch der sardische Käse Casu Marzu, dem lebende Fliegenlarven seinen ganz besonderen Geschmack geben, dürfte kein Exportschlager werden. Zumindest bekommt man ihn garantiert nicht heimlich untergejubelt: Die rund acht Millimeter langen Maden springen bis zu 15 Zentimeter weit, sodass das Käsebrot immer von einem lustigen Feuerwerk begleitet wird. Kenner halten die Hand drüber, um die Augen zu schützen.

Wer glaubt, so einen Ekelkram gäbe es in Deutschland nicht, der irrt. Der Würschwitzer Milbenkäse beispielsweise reift drei Monate unter Mitwirkung von Tyroglyphus casei L. Milben. Und ja, auch sie leben noch, wenn der Gourmet sich den Käse gönnt

Das finden dann übrigens Asiaten ziemlich ekelig. Genauso wie Gorgonzola – schlecht gewordene Milch, die auch noch verschimmelt verkauft wird! Blut- und Rotwurst hingegen kommen im Fernen Osten gut an, aber beileibe nicht sonst überall auf der Welt.

Doch was macht man nun, wenn man im Ausland etwas Derartiges auf dem Teller hat?

In der Regel heißt es dann: Augen zu und durch! Je ärmer das Land, desto eher. Und zwar ohne Murren, Auf-dem-Teller-Herumgeschiebe oder Würgegeräusche. Bemerkungen wie: »Bei uns zu Hause essen so was die Hunde« (Stichwort gebratener Euter in Frankreich) oder »Das kann man doch bestimmt nicht essen?« sind, obwohl vielleicht sachlich korrekt, aus interkultureller Sicht eher ungeschickt.

Alternativ konvertiert man zum Vegetarismus und sagt es vorweg. Doch dann sollte man konstant dabei bleiben und sich nicht abends mit einer Bifi in der Hand erwischen lassen!

Achtung!

Pingelige Esser, aufgepasst! Warum sich mit überstürzten Geständnissen unbeliebt machen? Krankheiten werden in der Regel viel ernster genommen als Vorlieben. Wer die Sache mit Geschick angeht, der täuscht gleich zu Beginn der Reise eine Allergie vor. Die Vorteile einer Lebensmittelunverträglichkeit liegen auf der Hand: Wer will schon riskieren, dass der Gast blau anläuft und röchelnd vom Stuhl fällt? Hier heißt es, ein überzeugendes und wirklich furchterregendes Szenario zu entwerfen, um jeden Zweifel sofort im Keim zu ersticken. Allerdings sind damit auch alle Möglichkeiten verbaut, es sich später doch noch anders zu überle-

gen, zum Beispiel weil Seeohren zwar ekelig, Garnelen aber lecker sind.

Interessant ist: Ausgerechnet in den Regionen der Welt, in denen man aus Höflichkeitsgründen kaum umhinkommt, alles Dargebotene zu essen, gibt es jede Menge Nahrungsmitteltabus. In Indien zum Beispiel: Rindfleisch ist bei den Hindus tabu, Schwein kommt bei den Moslems nicht gut an, Hühnchen geht nicht, weil viele Inder Vegetarier sind. Bleiben Gemüsegerichte, von denen es in Indien ja genügend gibt. Falls Sie sich bei Rüben und Kartoffeln auf der sicheren Seite wägen, dann sind Sie noch keinem Jain begegnet. Im Jainismus steht der Schutz aller Lebewesen auf dem Programm. Es darf nichts auf den Tisch, das nicht das Sonnenlicht gesehen hat, denn bei der Ernte von Wurzel- und Knollengemüse wie Zwiebeln, Pilzen, Ingwer, Knoblauch, Kartoffeln, Karotten, Rüben oder Rettich könnten ja schließlich Würmer und Käfer zu Schaden kommen.

Die Restauranteinladung eines Jains will daher gut vorbereitet sein. Doch auch die Jains kommen letztlich nicht ohne die Kleinstlebewesen aus, die man so hier und da mitisst, ohne es zu wissen. Bakterien und Insekten auf dem Gemüse sorgen in den heißen und weniger Hygiene-orientierten Ländern der Dritten Welt (die im Übrigen oft auch mit menschlichem Kot als Düngemittel arbeiten) dafür, dass selbst Menschen, die völlig auf tierische Produkte verzichten, noch ausreichend Vitamin B12 aufnehmen. Jains, die nach Großbritannien auswandern, leiden erheblich öfter an Anämie, obwohl sie sich weiterhin auf die gewohnte Weise ernähren. Am Rande sei hier noch vermerkt: Dies ist kein Thema, das man in indisch-europäischer Runde diskutieren muss.

So blamieren Sie sich richtig!

Männer, die sich auf Reisen als Vegetarier outen, müssen nie wieder befürchten, ohne Gesprächsthema dazustehen, denn unterwegs heißt es, sich den Fragen der Fleischeresser stellen. In buddhistischen Ländern hält sich der Missionseifer in Grenzen, aber versuchen Sie gar nicht erst einen Südamerikaner davon zu überzeugen, dass man ohne tellergroße Steaks überleben kann! Auch im australischen Outback oder in abgelegenen Gebieten der USA trägt der Vegetarismus Männern automatisch ein Waschlappen-Stigma ein.

Schwierig kann es auch sein, einen strenggläubigen Hindu zu sich zum Essen einzuladen: Sie bereiten zu Hause hier und da Fleisch zu? Schon darf er dort nicht mehr einkehren. Traditionelle Hindus essen daher nur in ihrer eigenen Küche. Hier haben Fremde keinen Zutritt – wenn es richtig streng zugeht, dann essen die Gäste zuerst (allein) und dann die Gastgeber. Zumindest um die Dinnerkonversation muss man sich dann keine Sorgen machen. Aber auch in weniger religiösen Familien ist das Essen eine ernste Angelegenheit, die Konzentration erfordert und daher wenig Platz für das Unterhaltungsprogramm lässt. Reste auf dem Teller zu lassen ist hier übrigens unhöflich.

Wer sich strikt an die hinduistischen Regeln hält, dem steht nur ein schmales Spektrum an Lebensmitteln zur Verfügung: Reis, Hülsenfrüchte, Obst und Süßigkeiten (immerhin!), Gemüse und Kokosnuss gehören zu den »Guten«. Fleisch und Eier dagegen sind verpönt, genauso wie Honig, da beim Sammeln hier und da Bienen getötet werden. Gebratenes gilt ebenfalls als minderwertig. Sogar Joghurt gehört eigentlich nicht zu den aus religiöser Sicht vertretbaren Lebensmitteln, da er lebende Bakterien enthält. Nun könnte man ins Grübeln kommen, weil dies ja grundsätzlich auch für jeden Straßenstand in Delhi, Mumbai und Kalkutta gilt (wer das für übertrieben hält, hat einfach noch nicht selbst über der Toilette gehangen und die leckeren kleinen Pfannkuchen vom Frühstück verflucht). Man muss allerdings dazusagen, nur die wenigsten Inder – vor allem nicht jene, die Kontakt zum Ausland pflegen – halten sich an diese strengen Regeln.

Ähnlich schwierig ist es in moslemischen Regionen: Grundsätzlich darf nur Fleisch von Tieren auf den Tisch, die nach islamischem Ritual geschlachtet worden sind – das heißt, sie wurden nach Mekka gewandt, der Name Gottes wurde über ihnen ausgesprochen und dann wurden sie geschächtet, also lebendig ausgeblutet. Außerdem dürfen nur Geflügel und wiederkäuende Huftiere mit »gespaltenen Klauen« auf den Teller. Schwein, Kaninchen und Pferd sind damit tabu. Je nach Auslegung ist es auch nicht erlaubt, mit Ungläubigen zusammen zu essen oder in einem ungläubigen Haushalt Essen anzunehmen. Wer hier zu sehr insistiert, navigiert ebenfalls direkt aufs Fettnäpfchen zu.

Aber auch in christlich geprägten Kulturen kann es schwierig sein, zusammen zu essen. Für Sätze wie »Nein danke, ich bin auf Diät« bekommt man in einer belgischen Runde ganz sicher keine Pluspunkte: Belgien ist quasi das angestammte Biotop der Kalorien. Ach was – ihr Schutzgebiet, in dem sie sich grenzenlos vermehren dürfen! Hier sind die Fritten noch dick und fettig, und man kann mit drei Pralinen die tägliche Weight-Watchers-Punktezahl erfüllen. Manch ein Belgier nimmt nicht nur Gummiboot und Strandliege mit ans Meer, sondern auch die Fritteuse. Wie soll man denn sonst anständig kochen? Deutsche, die sich bei einem belgischen Essen – egal ob geschäftlich oder privat – mit besagtem Verweis auf die Diät und einem Salat mit wenig Dressing aus der Affäre ziehen wollen, treffen daher auf allergrößte Skepsis: So ein Mensch, der kann doch gar nicht nett sein! Ekelhaft diszipliniert ist das und bar jeglicher Freude am Essen. Zugegeben, manche der Gerichte, wie beispielsweise das *Baguette Frites* (der Name ist Programm: Man fülle ein Baguette mit fetten, frischen Fritten und füge eine halbe Tube Mayonnaise dazu) sind gewöhnungsbedürftig. Sagen sollte man es allerdings nicht, will man nicht in die Fritteuse treten.

In den Großstädten der USA ist es oft genau umgekehrt: In New York gilt ein Salat ohne Dressing durchaus als normale Bestellung. Wer hier beim Business-Lunch nach deftigen Leckereien verlangt, wirkt geradezu zügellos und verstößt eklatant gegen das Selbstverbesserungsgebot gut situierter Amerikaner.

International absaufen

Fettnapf 55: Saufen bis zum Umfallen | **Fettnapf 56:** Nüchtern bleiben

Ostasiaten, so will es das Klischee, sind immer diskret und wohlerzogen. Vor allem aber schlagen sie nie über die Stränge. Wer dieses Bild in die Welt gesetzt hat, war noch nicht dabei, wenn sich eine ostasiatische Bürobelegschaft gemeinsam die Kante gibt. Der einzige Unterschied zwischen den Nationen ist dabei: Koreaner vertragen eine Extrarunde mehr als Japaner, obwohl beiden das Enzym zum Alkoholabbau fehlt und sie daher schon nach der zweiten Runde Schnaps eine interessante Gesichtsfarbe entwickeln. Allerdings lässt sich ein echter Mann von solchen Kleinigkeiten nicht abhalten – eine Regel, die auch für Ausländer gilt.

Angeheitert bis hackeblau schickern die Teilnehmer der Runde dann am späten Abend nach Hause, in der Gewissheit, mal wieder richtig was fürs Sozialleben und den Zusammenhalt der Abteilung getan zu haben. Gut, das ist nicht wirklich etwas Außergewöhnliches, denn auch anderswo auf der Welt, von Saudi-Arabien mal abgesehen, trifft man spät abends immer wieder mal Menschen, die in breiten Amplituden über den Gehweg schwanken und sich mit der Handhabung des Haustürschlüssels schwertun. Der große Unterschied ist allerdings, wie man am nächsten Tag damit umgeht. »Mörder-Hangover!«, lässt der Brite mit einem Grinsen vernehmen, während der Deutsche theatralisch leidet. Überall in Europa darf man sich in jedem Fall am nächsten Tag des Spotts derer sicher sein, die so wenig intus hatten, dass sie sich noch an die Geschehnisse des Abends erinnern können. Der verkaterte Japaner hingegen sitzt im Büro, als wäre nichts gewesen, und leidet unsichtbar. Lediglich eine Doppel-Aspirin, heimlich eingeworfen, lässt erahnen, dass dieser Mann gerade einen ganz langsamen Tod stirbt. Ihn auf irgendwelche Peinlichkeiten aufmerksam zu machen oder ihm gar fotografisches Dokumentarmaterial unter die Nase zu halten (»Schau mal, da kotzt du gerade dem Abteilungsleiter auf die Schuhe«) wäre total unhöflich. Niemals darf man einen Japaner auf einen feucht-fröhlichen Abend ansprechen, egal was geschehen ist! Alle Fauxpas, die im gemeinsamen Suff begangen werden, sind im Voraus mit einer Generalamnestie abgesichert und prä-entschuldigt. Das ist die gute Nachricht. Die weniger schöne Seite ist: Kneifen gilt in Japan bei solchen Gelegenheiten nicht. Weder beim Kneipengang an sich, noch bei der langen Abfolge von Bier und Schnaps. Erst wenn der ranghöchste Vorgesetzte bis unter die Halskrause abgefüllt ist, dürfen auch die Untergebenen davontorkeln. Wer lieber zu Hause vor dem Fernseher versackt oder gar die Familie noch wach erleben möchte, gilt, anders als in Mitteleuropa, schnell als unsozialer Einzelgänger.

Saufen verbrüdert und schweißt eben zusammen – fast überall auf der Welt. Und es ist, wie die Vokabel »Verbrüderung« schon sagt, eine eher männliche Angelegenheit. Frauen haben in dieser Hinsicht meist mehr Glück: Sie müssen sich im Fernen Osten nicht am Schnapsglas beweisen. Die Betonung liegt auf müssen. Denn wer freiwillig mittrinkt, braucht hinterher nicht auf einen Frauen-Bonus zu hoffen. Nach dem dritten Schnapsglas ist es ziemlich egal, wer da unter den Tisch sinkt, und ziemlich peinlich, wenn man vorher ausgestiegen ist.

In Korea und China haben es sich findige (und bereits Leber-geschädigte) Chefs daher längst zur Angewohnheit gemacht, statt den eigenen Körper weiter zu ruinieren lieber eine aufsteigende Nachwuchskraft an der Flasche zu verheizen. Will heißen: Ahnt der betagte Chef, dass die Abendveranstaltung besonders feuchtfröhlich werden könnte, schickt er einen Stellvertreter, der zwar in der Hierarchie über den Kollegen steht, aber doch nicht hoch genug angesiedelt ist, als dass er dieses attraktive Angebot dem Chef gegenüber ablehnen könnte. Ähnlich geht es deutschen Besuchern, die für einen Geschäftsabschluss bereit sind, alles zu geben. Wie schwerwiegend das Problem des Karriere-Saufens wirklich ist, lässt sich im Netz auf dem Blog *blackoutkorea* nachverfolgen, einer stetig wachsenden Fotodokumentation von Schnapsleichen an öffentlichen Orten in Korea.

Bis zum bitteren Ende heißt es auch in China oft – und das kann dauern, denn traditionell wird beim Essen gesoffen. Das chinesische Prosit »ganbei« lässt sich am ehesten mit »trockenes Glas« übersetzen – und wirkt dementsprechend unangemessen, wenn man dazu eine Cola erhebt oder nur am Glas nippt. Feiglinge werfen daher ein »bu dao di« hinterher: »nicht bis zum Boden«. Aber ganz ehrlich, damit kommt man nicht lange durch, denn es finden sich endlose Gründe, noch mal das Glas zu erheben: Auf den Chef, auf den anderen Chef, auf die Firma, auf die deutsch-chinesische Freundschaft, auf die Freundschaft generell ... Der ausländische Besucher kontert mit einer nicht minder langen Abfolge von weiteren Toasts, so lange, bis alle glasig über den Tisch blicken. Gut so! Weil nach dem Besäufnis oft noch ein schmerzhaft langer Abend im Karaokesalon folgt, sind Ausländer gut beraten, Schmerz und Scham rechtzeitig zu betäuben.

Auch in Russland und den umliegenden Ländern ist die Sauferei eine echte »Bonding«-Erfahrung. Wer da nicht rechtzeitig mit fetten Speisen eine gute Grundlage schafft, lernt die Grenzen seiner Trinkfestigkeit und noch einiges darüber hinaus kennen. Denn: Alkoholische Getränke ohne eine gute Ausrede (bereits im Koma, vom guten Selbstgebrannten erblindet, tot…) abzulehnen bedeutet alle anderen Mitsäufer zu beleidigen. Zu jedem Trinkspruch heißt es Ex und Hopp. Und weil jeder am Tisch mindestens einmal drankommt – die Freude an blumigen Trinksprüchen steigt mit der Menge des bereits getankten »Wässerchens« – ist alles, was über ein romantisches Date zu zweit hinausgeht, bereits eine alkoholische Herausforderung. Die Wodkarunde hat in dieser Hinsicht viel mit der Mafia gemeinsam: Aussteigen ist keine Option, wenn man nicht ohnehin einen Umzug in ferne Gefilde plant. Saftige Preiserhöhungen in den letzten Jahren haben in Russland übrigens nichts daran ändern können, dass mehr als die Hälfte aller Todesfälle bei Männern zwischen 15 und 54 Jahren auf Alkohol zurückzuführen sind. Und so ist es nur wenig beruhigend, dass in russischer Runde alle anderen trotzdem weitersaufen. Immerhin, den Knigge-Teil über die korrekten Gesprächsthemen bei Tisch kann man in Russland meist überblättern: Nach zehn Wodka erinnert sich doch sowieso keiner mehr daran, was genau besprochen wurde. Lediglich unschöne Souvenirs wie ein Veilchen oder eine gebrochene Nase sprechen dafür, dass man die Seiten eventuell doch lieber hätte lesen sollen.

Achtung!

Es soll immer wieder vorkommen, dass ahnungslose Banausen in gehobenen Restaurants die Fingerschale leertrinken. Doch Verwirrung kann es auch in die andere Richtung geben: Der chinesische Baijiu-Schnaps – erkennbar am Alte-Socken-Mief – riecht zwar wie ein potentes Reinigungsmittel, ist aber tatsächlich für den Konsum gedacht. Und sollte Ihnen wider Erwarten doch eine Flasche Putzmittel in die Finger geraten sein, sind die Vergiftungserscheinungen wahrscheinlich auch nicht schlimmer als die Folgen des wahren Baijiu-Genusses.

Das Kontrastprogramm zu den geschilderten Alkoholorgien findet der Reisende im arabisch-moslemischen Raum: Im Iran, in Kuwait, Mauretanien, Somalia, im Nordsudan, auf den Komoren und in Libyen ist Alkohol generell verboten, bei der Einreise nach Saudi-Arabien wird sogar das Rasierwasser versiegelt. Auch in Brunei ist Alkohol nicht erhältlich, genauso wie auf den einheimischen Inseln der Malediven. Da braucht es nicht wirklich viel interkulturelles Wissen, um zu ahnen: Die gute Flasche Wein auf der Hotelterrasse, das wird nichts, und auch bei Privatbesuchen macht man sich mit der Frage nach Alkohol nicht unbedingt beliebt.

Achtung!

Wer im Ausland mit Sudanesen oder Somalis feiert, stellt nicht selten fest: Hochprozentiges unter dem Sonnenschirm geht in Ordnung, denn was Allah nicht sieht … Eventuell lässt sich diese Sitte weniger auf ein einfaches Weltbild, als vielmehr auf die Zusammensetzung des einheimischen Dattelschnapses zurückführen: Der Aragi soll nicht nur viel Methanol enthalten, sondern hier und da auch Substanzen, die zum Einbalsamieren von Toten verwendet werden.

Irgendwo zwischen Asien und Arabien bewegen sich die USA hinsichtlich des Alkoholkonsums: Hier wird zwar unbestreitbar gerne gesoffen, aber eben nicht überall gleich viel. College-Studenten sind legendär für ihre standhaften Versuche, sich den tagsüber für viel Geld geschärften Verstand abends wieder aus dem Hirn zu spülen. Das »legal drinking age« von 21 macht die Sache zwar nicht einfacher, aber offensichtlich nicht unmöglich.

Auch der nötige Aufwand zur Alkoholbeschaffung schwankt enorm. Je nach religiösem Eifer und Gottesnähe übertreffen sich die Staaten in skurrilen Gesetzen: In den »dry counties« gibt es überhaupt keinen Alkohol, in manchen Staaten nur bis 22 Uhr oder nur wochentags, andere wiederum zücken den Strafzettel, wenn sich im Auto eine angebrochene Flasche Alkohol befindet. Restaurants dürfen oft keinen Alkohol ausschenken, erlauben aber BYO: Bring your own.

Staatenübergreifend ist jedoch ein optisches Detail: In der Öffentlichkeit gibt es den Fusel nur aus der Papiertüte – »brown bagging« nennt sich das dann. Hier können Ausländer, die ahnungslos in aller Öffentlichkeit eine Bierdose aus der Tasche holen oder am Strand eine Weinflasche entkorken, verhaltenstechnisch voll danebenlangen.

Achtung!

Bevor Sie in den USA pikante Saufgeschichten zum Besten geben, lohnt es sich erst mal vorzufühlen, welcher Alkohol-Fraktion der Gesprächspartner zuzurechnen ist. Treffen Sie jedoch in Ohio auf einen Autofahrer mit rot-gelben Nummernschildern beziehungsweise mit weiß-schwarzen Schildern und einem vorangestellten »W« in Minnesota, entfällt diese Vorsichtsmaßnahme. Diese Schilder bekommt man nämlich nur, wenn man bereits betrunken am Steuer erwischt wurde. Vor Ort werden sie daher auch »party plates« oder »Whiskey plates« genannt.

Sag niemals Nein

Fettnapf 57: Aus der Menge ragen | **Fettnapf 58:** In der Menge untergehen | **Fettnapf 59:** Keinen kennen | **Fettnapf 60:** Alle kennen

Egal, wie viele lokale Regeln man auswendig lernt, ob man sich überwindet, Schoßtiere zu essen und dies auch noch gekonnt mit den Fingern erledigt, die wichtigsten Floskeln in der Landessprache beherrscht oder sogar fließend in anderen Sprachen konversiert: Am Ende landet man doch noch im Fettnapf. Die ultimative Falle ist nämlich der menschliche Umgang miteinander – und der lässt sich nicht einfach mal schnell ganz neu lernen.

Was ist wichtiger: Sein oder Schein? Wahrheit oder Harmonie? Muss es immer auf einen Konsens hinauslaufen, oder darf es auch einmal krachen in einer Unterhaltung? Geht es im Leben darum, nach dem persönlichen Glück zu streben? Oder definiert man sich als Teil einer Gruppe und versucht, das Leben gemeinsam zu stemmen? An diesen Fragen entzünden sich interkulturelle Konflikte besonders gerne und oft – denn darauf gibt es sehr unterschiedliche Antworten, die letztlich auf dem Gegensatz zwischen Individualismus und Gruppenkultur basieren. Ob es sich bei der »Gruppe« um die Familie, den Clan, den Stamm oder eine andere Gemeinschaft handelt, ist Auslegungssache. Sicher ist aber: In der Gruppe zählen Zusammenhalt und zwischenmenschliche Harmonie. Diese beiden Schlagworte klingen auch in westlichen Ohren erst einmal richtig gut und gar nicht nach Fettnapf. Dies allerdings nur, weil uns westlichen Individualisten oft gar nicht klar ist, was genau dahintersteckt. In gruppenorientierten Kulturen ist eine gewisse Gleichmacherei durchaus gewünscht – je unterschiedlicher die Menschen, desto schwieriger ist es schließlich, alle unter einen Hut zu bringen. Sprichwörter wie »Der herausstehende Nagel wird eingeklopft« oder »Wer den Kopf aus der Menge streckt, braucht sich nicht wundern, wenn er ihn verliert« sind dabei eindeutige Indizien, was Gruppenkulturen von Individualisten halten. Mit persönlichen Fähigkeiten protzen, eigene Errungenschaften hervorheben oder polarisierende Meinungen vertreten – alles ganz schlecht, denn es stört die Harmonie. Westler (»Ich kann! Ich will! Ich bin einzigartig!«) wirken daher für Asiaten oder Afrikaner schnell ein wenig wie egoistische Rüpel, während umgekehrt Menschen aus gruppenorientierten Kulturen in Deutschland oder den USA hier und da keinen wirklichen Eindruck hinterlassen, weil sie alles, was sie aus der Menge hervorhebt, tunlichst unter den Scheffel stellen.

Konflikte sind in gruppenorientierten Kulturen absolut verpönt, genauso wie lautes Toben oder das hemmungslose Zurschaustellen von Gefühlen: Beide Seiten riskieren bei einem Streit, das Gesicht zu verlieren. Womit wir beim zentralen Begriff wären: Das ominöse Gesicht. Nichts fürchtet der Asiate mehr als den Verlust des selbigen. Unter dem Strich ist das Gesicht eine Art Kombination aus Respekt, Glaubwürdigkeit, Ansehen und sozialem Status. »Gesicht« bekommt, wem respektvolle Behandlung widerfährt, wer von seiner Umgebung geachtet wird. Auch in Afrika und im Orient ist das Gesicht ein grundlegendes Konzept – nur dass es dort eben unter dem weniger exotischen Etikett »Ansehen« läuft.

An der hohen Kunst, im Falle einer Meinungsverschiedenheit unser Gegenüber das Gesicht wahren zu lassen, scheitern wir Deutschen meist kläglich: Denn Untergebene vor versammelter Mannschaft herunterzuputzen ist genauso tödlich für das Gesicht, wie stundenlang auf den Fehlern anderer herumzureiten oder Missgeschicke und Fehlentscheidungen in großer Runde zu sezieren. Was im Westen noch komfortabel mit dem Motto »Wenn's wahr ist, darf man es auch sagen« gerechtfertigt werden kann, gilt in den meisten Regionen der Welt schon als absolut unhöflich. So verstehen beispielsweise viele Deutsche die Frage »Hätten Sie noch Verbesserungsvorschläge?« als Einladung, endlich einmal alle Kritik in unmissverständlichen Worten loszuwerden, während diese auf chinesischer oder thailändischer Seite jedoch nur als rhetorische Frage zum Ausklang gedacht war. Schon ein simples »Nein« kann in Asien regelrecht zur Waffe werden – weshalb man es dort nie hört und westliche Besucher die Asiaten unglaublich freundlich finden, nicht ahnend, dass das asiatische Ja nur für »Ja, ich habe gehört« steht, nicht aber zwingend für »Ja, ich bin derselben Meinung«.

Umgekehrt bedeutet dies aber auch, dass Westeuropäer – an den rauen Wind einer offenen Diskussion gewöhnt – die unzufriedenen Untertöne eines japanischen oder arabischen Gesprächspartners oft gar nicht heraushören, weil ihnen die Sensibilität dafür fehlt. Reisende in Asien, Afrika und Lateinamerika stoßen sich hier gerne den Kopf blutig, vor allem wenn sie geschäftlich unterwegs sind und messbare Erfolge bringen müssen: Wie sind all die versteckten Aussagen zu entschlüsseln? Wieso sagen die Menschen Ja, wenn sie Nein meinen? Und wie bitte lernt man, so etwas richtig zu verstehen?

Was kollektivistische Gesellschaften außerdem von den individualistischen unterscheidet, ist der Umgang mit dem eigenen Besitz. So ist auch der Versuch, ein persönliches Vermögen aufzubauen, in kollektivistischen Gesellschaften oft zum Scheitern verurteilt, denn wer hat, muss teilen. Kein Wunder, dass wohlhabende Afrikaner ihren Verdienst gerne zügig in

Ländereien, Immobilien oder anderen handfesten Werten anlegen, die man schlicht nicht teilen kann. Außerdem hat man dann wenigstens ausreichend Raum, um einer anderen Verpflichtung nachzukommen, ohne sich auf die Füße zu treten: Die Familie steht in gruppenorientierten Kulturen über allem und so wäre es undenkbar, Verwandte auf der Durchreise abzuweisen. Auch wenn sie überraschend vor der Tür stehen und gleich mal zwei Jahre bleiben, schon fünf Cousins in der Zweizimmerwohnung kampieren und die Gäste bereits in Schichten schlafen müssen.

Spannend sind solche Details vor allem deshalb, weil wir Westler (vor allem die Gutmenschen und Adaptionisten unter uns) insgeheim doch alle davon träumen, von den Einheimischen als Freund erkannt und vielleicht sogar in die familiären Bande aufgenommen zu werden. Die schmeichelnde Anrede »Bruder« oder »Schwester« geht allerdings gleichzeitig mit den Verpflichtungen einer afrikanischen Großfamilie einher, von denen die Umverteilung des Vermögens nur eine ist. Wer in Afrika familiären Anschluss gefunden hat, sollte fortan außerdem Familienmitglieder bei der Vergabe von Jobs und Aufträgen bevorzugen und in Übernachtungsfragen eine sehr tolerante Haltung entwickeln.

Vor einem derartigen Engagement schrecken viele Westler dann doch zurück. Allerdings kann man sich in gruppenorientierten Kulturen dem Sog der Gruppe kaum entziehen, will man nicht ein einsames und erfolgloses Leben fristen. »Networking« ist in Südamerika, Afrika und Asien eine schlichte Notwendigkeit im Alltag. Dabei sollte man seine Kontakte wirklich kennen und sich auf sie verlassen können, denn auch in Gruppenkulturen gilt die Devise »mitgefangen, mitgehangen«. Wie der peruanisch-spanische Ausdruck *Relaciones de Poder* schon sagt: Hier geht es nicht nur darum, einfach viele nette Menschen zu kennen, sondern man will durchaus auch von ihrer Macht profitieren.

Die wahren Meister der Beziehungen sind die Chinesen: Ein Mensch ohne »Guanxi«-Netzwerke? Das muss ein zugereister Außerirdischer sein. Oder zumindest ein Deutscher. Auf alle Fälle aber ein schwieriger Fall! Nicht zuletzt, weil es lange dauern kann, bis die passende Guanxi steht und dafür sorgt, dass man bei Behörden und im Geschäftsleben beachtet wird. Sind die zarten Bande erst einmal geknüpft, muss man sie pflegen – eine Disziplin, an der Deutsche oft kläglich scheitern. Neben regelmäßigen Einladungen und Gegeneinladungen, Geburtstagskarten und Schwätzchen oder einer Flasche Cognac zur rechten Zeit erfordern sie persönlichen Einsatz. So ist es in China quasi eine Selbstverständlichkeit, sich um ausländische Gäste zu kümmern, auch im geschäftlichen Umfeld. Schließlich sind die Besucher weit gereist und kennen sich vor Ort nicht aus. Geradezu schockierend ist daher auch für chinesische Delegationen, mit welcher Nonchalance sie hierzulande in ihrer Freizeit sich selbst überlassen werden: kein Besichtigungsprogramm, keine Shoppingtipps, keine Reservierung in der Karaokebar... Die deutsche Ehrfurcht vor der Privatsphäre erscheint dem asiatischen Besucher schnell als »kalt«, während westliche Geschäftsreisende in Asien unter der Last der Freizeitverpflichtungen in die Knie gehen.

Das ultimative Kollektiv ist übrigens immer das eigene Land. Während Vaterlandsliebe für die meisten Deutschen eine dubiose Angelegenheit ist, ist sie für einen Großteil der Menschen im Nahen Osten, Asien, Nord- und Südamerika und in Südeuropa eine Selbstverständlichkeit. Wenn in Bangkok im Lumpini-Park die Nationalhymne aus den Lautsprechern tönt, heißt es für alle Parkbesucher strammstehen – sogar die Jogger verharren für einige Minuten regungslos. Versuchen Sie das mal in einem Berliner Stadtpark!

Von der Türkei bis nach Korea finden es die meisten Menschen eher befremdlich und manchmal sogar peinlich, wenn

Deutsche ihr Land öffentlich kritisieren, auch wenn sie insgeheim vielleicht sogar zustimmen. Hier und da erreicht der Nationalismus geradezu himmlische Höhen. Zum Beispiel in China: Wenn die Städte an Chinesisch Neujahr in einer Orgie aus Sprengkraft explodieren und Millionen Menschen nahezu gleichzeitig Feuerwerk zünden, dann schicken sie damit auch ihre Wünsche gen Himmel. So zumindest steht es auf der Packung vieler Raketen: »Ich will eine helle, reiche Schönheit«, »Mein Chef soll zur Hölle fahren« oder »Ich liebe die Diaoyu-Inseln« – die sich allerdings unter dem Namen Senkaku-Inseln in japanischem Besitz finden, was wiederum 2012 für viel Furore sorgte und (un-pyrotechnische) Sprengkraft für die nächsten Jahrzehnte birgt. Kein Wunder, dass auch der Zündsatz »Große Tokyo Explosion« 2012 ziemlich oft über den Tresen ging, bis die chinesischen Behörden Zurückhaltung anmahnten und den Verkauf verboten.

Eine derartige Identifikation mit dem Kollektiv ist in Deutschland eher selten, Netzwerke gibt es natürlich auch hierzulande. Abends weggehen, Volkshochschulkurse belegen oder Brieffreundschaften pflegen, um Menschen kennenzulernen – das war allerdings gestern. Heute betreibt man weltweit *Social Networking* und fummelt sich mit wenigen Klicks ein nahezu echtes Sozialleben zusammen. Hat man sich ein Network aufgebaut, dann heißt es die Kontakte auch halten – durch lustige Rundmails zum Beispiel, gerne inklusive Powerpoint-Präsentation mit mindestens 10 MB Umfang. Damit macht man sich, wie zuvor schon erwähnt, besonders auch in Ländern mit weniger leistungsstarkem Equipment beliebt.

Als Steigerung zum Social Networking gibt es mittlerweile das *Professional Networking*: Es umfasst all jene, die so lange Networking betrieben haben, bis gar kein echter Freund mehr übrig war, und die sich jetzt nur noch in beruflichen Netzwerken herumtreiben.

Achtung!

Spätestens nach einer dreiminütigen Unterhaltung an der Bushaltestelle sollten Sie auch Fremde unbedingt in Ihre Facebook, Xing, LinkedIn und Wer-kennt-wen-Freundesliste aufnehmen! Falls Sie nie echte Menschen treffen – macht nichts! Suchen Sie in der Suchmaske der Social Media einfach Menschen aus dem gleichen Berufsfeld oder mit derselben Leidenschaft (Stichworte wie »Außenhandel« oder »Fußball« führen immer zum Erfolg) und basteln Sie sich ein ansehnliches Umfeld. Wer behauptet, dass man alle seine Freunde kennen muss?

Blamage mit Anfassen

Fettnapf 61: Nach den Regeln spielen | **Fettnapf 62:** Nicht nach den Regeln spielen

»Meine Tochter ist hübsch, oder?« Wer auf diese verfängliche Frage in Neuguinea mit einem höflichen aber nicht unbedingt wahrheitsgemäßen »Ja« antwortet, steht nicht nur mit einem Bein im Fettnapf, sondern mit dem anderen fast schon vor dem Traualtar. Bei vielen Völkern der Insel ist eine solche Frage ein mehr oder minder versteckter Antrag des Brautvaters. Gut, wenn man dann das Rückflugticket schon in der Tasche hat.

Auch wenn die Folgen nicht immer ganz so problematisch sind, auf kaum einem Gebiet sind Menschen so wenig bereit, Fehlgriffe zu verzeihen, wie in amourösen Beziehungen. Kein Wunder, schließlich geht es hier um Gefühle und manchmal sogar ums Lebensglück. Überall auf der Welt haben sich daher Regeln herausgebildet – und sei es nur die Regel, dass es keine Regeln gibt!

Das beste Beispiel dafür sind die USA. Auf den ersten Blick sind sich Westeuropa und die USA unheimlich ähnlich. Es fällt einem als Deutschem leicht, ein Gespräch mit US-Amerikanern zu beginnen, potenzielle Partner kennenzulernen und beginnendes Interesse zu identifizieren. Doch Vorsicht! Sobald der erste Funke übergesprungen ist, treten allerhand Regeln in Kraft, die für Deutsche geradezu skurril erscheinen. Es ist nämlich so: Das erste Date, das vorzugsweise in einer Bar stattfindet, sollte noch vor Mitternacht enden. Mit einem braven Wangenküsschen verabschiedet man sich voneinander, die Rechnung übernimmt der Mann, ganz klar, alles andere wäre knauserig. Idealerweise liegt das erste Date nicht an einem Wochenende – man ist ja schließlich sozial gut eingebunden und da wäre es doch seltsam, wenn sich so ohne Weiteres ein Zeitslot am Wochenende finden ließe. Die Gesprächsthemen während eines Dates erscheinen Europäern mitunter ein wenig direkt: Welche beruflichen Pläne hat der Bewerber beziehungsweise der potenzielle Partner? Wie steht's um den sozialen Hintergrund? Kinderwunsch? Oder bei jüngeren Semestern: Geht's bald aufs College, hat der Vater eine Firma?

Ist das erste Date zufriedenstellend verlaufen, sollten zwei bis drei Tage vergehen, bevor sich der Mann per Telefon oder SMS meldet.

Das zweite Date darf dann schon am Wochenende stattfinden, gerne in einem Restaurant. Weil der Mann auch jetzt wieder zahlt – und dies nicht zu knapp! – darf er auf dem Nachhauseweg diesmal ein wenig mehr erwarten: Knutschen und ein bisschen Fummeln sollte schon drin sein. Wann man richtig zur Sache kommt, da sind sich die Amerikaner allerdings nicht ganz einig: Irgendwann ab dem dritten Date, vielleicht. Je ländlicher die Region, desto christlicher sind meist die Bewohner, was zu Verzögerungen führt.

Da diese Regeln aber nur für ein Date und nicht für ganz unverfängliche Treffen gelten, tut man gut daran, vorsichtig nachzuhorchen, ob es sich denn um ein Date handelt, beziehungsweise das Treffen selbst als solches zu titulieren.

Achtung!

Amerikanische Dates haben es in sich. Es lohnt sich daher, einige Übungs-Dates einzuplanen. Auf der sicheren Seite sind Sie bei extrem-christlichen Randgruppen: Hier werden vor der Hochzeit garantiert keine Körperflüssigkeiten ausgetauscht.

Nun könnte man einwenden, die USA seien ein großes Land, mit vielen regionalen Unterschieden und ergo sicher auch ganz vielfältigen Dating-Regeln. Ja. Nein. Eigentlich nicht. Denn obwohl zwischen Austin (Texas) und New York rund 2500 Kilometer liegen, scheint man sich in den grundlegenden Fragen landesweit einig. Zum Beispiel in der Frage, dass es Dating-Regeln gibt, die für alle gelten. Und dass es einen Unterschied zwischen *non-exclusive* und *exclusive* Dating gibt. Im ersten Falle hat man noch allerhand Bewerber gleichzeitig am Start, während *exclusive dating* quasi einer deutschen *Beziehung* entspricht. Fremdgehen wird in den USA noch mit Fegefeuer und zehn Jahren Paartherapie geahndet – aber eben nur, wenn man bereits verheiratet ist oder sich schon im Stadium des *exclusive dating* befindet!

Da es in Europa kaum feste Regeln gibt, wann geküsst oder gar miteinander ins Bett gegangen wird, kämpfen US-Amerikanerinnen hierzulande oft erst einmal mit großen Unsicherheiten: Wie bitte soll man hier denn wissen, wie die Spielregeln lauten und ob es der Kandidat ernst meint? US-Amerikaner wiederum ernten große Heiterkeit, wenn sie beim zweiten Date einen Zungenkuss einfordern, »weil man das so macht«. Allerdings tappen auch Europäer in den USA beim Daten in so ziemlich jeden Fettnapf: Wieso bitte soll immer der Mann zahlen? Wieso kann man nicht gleich knutschen? Warum sind Gehalt und Religion überhaupt interessant?

Der Unwille der meisten Europäer, ein unverbindliches Treffen gleich als »Date« zu klassifizieren, wird von nordamerikanischer Seite gerne mal missverstanden. Auf einer US-amerikanischen Seite mit internationalen Dating-Informationen heißt es beispielsweise: »In Großbritannien bringen Teens nur selten den Mut auf, jemanden zu einem Date aufzufordern. Derartige Interaktionen finden daher meist in Gruppen statt, wo sich Freunde gegenseitig im Kontakt mit dem anderen Geschlecht unterstützen, oder sie brauchen Alkohol, um zuzugeben, dass sie jemanden mögen. (....) Die meisten Engländer surfen lieber im Internet, um ein Date zu finden, anstatt sich von Angesicht zu Angesicht in Bars, Pubs oder auf Partys zu treffen.«

Eine ziemlich schräge Sichtweise auf die Sitte, abends durch die Pubs zu streifen und einfach mal zu schauen, wer einem so vor die Flinte läuft...

Wer lieber gleich ganz auf das lästige Klimbim mit der Kennenlernerei verzichten möchte, sollte sich auf den Malediven umsehen: Hier ist unverbindliches Dating komplett unmöglich – nicht zuletzt, weil sich auf den kleinen Inseln heimliche Treffen gar nicht erst arrangieren lassen und auf unehelichen Sex die Prügelstrafe steht. Auf den Malediven wird daher gleich geheiratet. Und weil es der Liebe nicht immer guttut, wenn man erst heiratet und dann miteinander spricht, lässt man sich auf den Malediven auch gerne wieder scheiden – was übrigens völlig unkompliziert vonstattengeht. Derzeit haben die kleinen Inseln im Pazifik die höchste Scheidungsrate der Welt. Kein Wunder, dass Frauen gar nicht erst den Namen des Mannes annehmen. Allerdings gibt es auch hier einen Wermutstropfen: Da Moslems auf den Malediven per Gesetz nur innerhalb ihrer Religion heiraten dürfen, heißt es vorher konvertieren.

Dann doch lieber in Australien ausgehen: Hier entfallen die ganzen Galanterien. Wer der Frau die Tür aufhält oder den Stuhl zurückzieht, könnte gar in Sachen Gleichberechtigung als rückständig gelten. Falsche Verpflichtungen entstehen auch nicht, denn die Restaurantrechnung wird selbstverständlich geteilt oder man lädt sich abwechselnd ein. Die Gefahr, sich hier danebenzubenehmen, ist daher eher gering.

Umso mehr Möglichkeiten bieten sich dafür in China: Ausländische Männer tun sich in China oft leicht, eine Partnerin zu finden, vor allem, wenn sie gut betucht sind. Doch aufgepasst: Eine feste Beziehung mündet automatisch irgendwann im Hafen der Ehe. Wer sich dagegen sträubt, der muss sich warm anziehen. Der wohl größte Fettnapf wäre es, mangelnde Heiratsabsichten in großer Familienrunde hinauszuposaunen. Bis dahin heißt es als Mann beim Stadtbummel tapfer der Freundin die rosa Hello-Kitty-Handtasche hinterhertragen. Ausnahmen von dieser Regel sind nur bei extrem fettem Bankkonto möglich.

Achtung!

Wer in Asien heiratet, bekommt nicht nur einen Ehepartner, sondern auch eine fette Schippe Verwandte, die unter Umständen eine große Rolle spielen werden. Lassen Sie sich unverfänglich einfach mal Bilder der engeren Familie zeigen: Alle diese Menschen werden später nach Belieben bei Ihnen ein und aus gehen.

Dass es bei interkulturellen Beziehungen nicht immer um persönliche Reize geht, sondern hier und da einfach nur um die Exotik oder vielleicht sogar ein Ticket ins Ausland, stellte ein chinesischer Künstler in Nanjing vor einigen Jahren unter Beweis. Nachdem er sich auf einer Tanzparty länger mit meiner Zimmergenossin Leah unterhalten hatte, klopfte er am nächsten Morgen an ihre Zimmertür im Studentenwohnheim. »Ist Leah da?«, fragte er. »Nein«, sagte Leah, die die Tür selbst geöffnet hatte. »Kannst du ihr ausrichten, dass ich sie unbedingt wiedersehen muss? Sie hat mich sehr beeindruckt«, schärfte er ihr ein. »Mache ich, wenn ich sie treffe«, erwiderte Leah amüsiert, »da wird sie sich freuen …«

Gut gespült

Fettnapf 63: Nach der Toilette fragen | **Fettnapf 64:** Spülen | **Fettnapf 65:** Nicht spülen | **Fettnapf 66:** Schuhe anlassen

Toiletten sind wirklich kein tischfähiges Thema. Eigentlich sind sie auch nicht Auto- oder Kneipen-fähig. Um es kurz zu machen: Toiletten sind selbst unter alten Freunden und Familienmitgliedern kein bevorzugter Gesprächsstoff, wenn nicht vorher eine gewisse Quantität Alkohol fließt. Was sich im Ausland ziemlich schnell rächen kann, denn bei aller körperlicher Kontrolle: Es stellt sich unterwegs nicht die Frage des »Ob«, sondern nur des »Wann«, »Wie« und »Wo«.

Das erste Problem und potenzielle Fettnäpfchen in sanitärer Hinsicht ist der Weg zur Toilette: Wo bitte ist der... die... das...? Während US-Amerikaner grundsätzlich kein Bedürfnis zu kennen scheinen, das übers Nasepudern oder Händewaschen hinausgeht, und deshalb meist nach dem »restroom« verlangen (woraufhin der deutsche Neuankömmling gerne erwidert »Nein, ich MUSS mal« und entsetzte Stille erntet), verklausuliert man die einschlägigen Örtlichkeiten in Spanien, Italien und Portugal (um nur einige Beispiele zu nennen) meist als »Badezimmer«. Nur die Franzosen bleiben ihren »toilettes« treu und nehmen es dem Besucher nicht übel, wenn er die Dinge beim Namen nennt. Als Belohnung dafür wurde der französische Begriff fast überall auf der Welt verbreitet – auch wenn er nicht überall als schicklich gilt. Die Japaner scheinen das westliche »toilet« immerhin so wohlklingend zu finden, dass es sich als das Fremdwort »Toire« bis heute hält und im Vergleich mit dem älteren *otearai* (eigentlich das diskretere »Händewaschzimmer«) eher als der bessere Ausdruck gilt.

Auf Arabisch hingegen spricht man meist vom »Hamam«. Falls Sie den »Hamam« bisher nur als hochpreisige orientalische Wellnessanlagen kennen, dann geht es Ihnen wie mir. Marketing-technisch scheint mir diese Doppelbedeutung übrigens eher ein wenig unglücklich. In China wiederum geht es kernig zur Sache. Wahrscheinlich, weil man sich dort schon aus olfaktorischen Gründen mit allzu verschleiernden Begriffen schlicht lächerlich machen würde. *Cèsuǒ* ist eine Toilette und basta. Allerdings sind auch hier schon längst feingeistige Spaßverderber am Werk und versuchen sich am *xishoujian* (Händewaschzimmer) und – mein Favorit – am *weishengjian*, dem Hygienezimmer. Und das, obwohl doch die dafür typischen Vorgänge und vor allem chinesische Toiletten an sich eher unhygienisch sind, dafür aber hier und da etwas skurril. Oder wie soll man sich als westlicher Ausländer die Trittspuren auf der Klobrille erklären? Die Lösung dafür ist so artistisch wie simpel: Auch in China würde sich niemand freiwillig auf eine offensichtlich dreckige Klobrille setzen, sodass ein gewisser sportlicher Einsatz den Kontakt zwischen blankem Hintern und Toilette verhindert. Besonders beeindruckend sind in diesem Kontext die kleinen runden Abdrücke von Stöckelschuhen – Hut ab vor dieser Leistung!

Traditionell sind in China ohnehin die Hocktoiletten weit verbreitet. Aus vielerlei Gründen bieten sich hier mannigfaltige Gelegenheiten, sich als Nicht-Asiate so richtig zu blamieren. Zum Beispiel, indem man den Haustürschlüssel (alternativ auch das Handy oder andere kleine aber wichtige Gegenstände) beim Hinhocken versehentlich aus der Hosentasche gleiten lässt und dort versenkt, wo man sie garantiert nicht mehr herausholen möchte. Genauso beliebt ist das

Missgeschick, mit einer geschmeidigen Bewegung in die Hocke zu gehen und erst dann festzustellen, dass keinerlei Griff die Aufwärtsbewegung unterstützt. Und weil es naturgemäß schier unmöglich ist, sich in der Hocke wieder anständig anzuziehen, mag man in dieser Situation auch nicht so recht um Hilfe rufen. Französische Raststättentoiletten sind ähnlich tückisch gebaut und verfügen über einen vergleichbaren rustikalen Charme, der im Übrigen die Frage aufwirft, wie sich der Begriff »Eau de Toilette« allen Ernstes weltweit als Bezeichnung für Duftwasser verbreiten konnte.

Ein peinlicher Bonus-Track auf Dritte-Welt-Toiletten, sei es in Brasilien, Ecuador oder China (alles Länder, die sich wirtschaftlich gerne zur Zweiten Welt zählen, in sanitärer Hinsicht jedoch noch ordentlich Entwicklungspotenzial zeigen) ist das leidige Toilettenpapier. Runde um Runde dreht es in der Schüssel, nur um schließlich mit einem satten *Schlurp* steckenzubleiben. Mal ganz abgesehen von den sprachlichen Problemen, als Fremder auf Brasilianisch, Farsi oder (Königsdisziplin!) auf Chinesisch der Klofrau beichten zu müssen, dass man soeben die Toilette mit Fäkalien geflutet hat, lässt einen diese Peinlichkeit irgendwie auch ziemlich dämlich aussehen. Ja weiß denn der dumme Europäer nicht, dass das Klopapier in den Eimer neben der Toilette gehört? Nein, tut er nicht. Deswegen gibt es auch immer wieder neugierige Reisende, die schnell mal den Deckel lupfen, um reinzuschauen, und diesen Wagemut lange bereuen.

Achtung!

Klopapier scheint in Asien, Afrika und im arabischen Raum Mangelware zu sein. Zumindest da, wo man es gerne vorfinden würde, nämlich auf Toiletten. Wer sich nicht in einer sprichwörtlich beschissenen Lage wiederfinden will, bringt am besten ordentlich feste Papiertaschentücher mit.

In Thailand und Malaysia wiederum lauern andere Herausforderungen. Klar gibt es einen Spülkasten und meist auch einen Seilzug, mit dem sich jener theoretisch betätigen lässt. Meist baumelt das Seil allerdings spannungs- und nutzlos herum. Doch was dann? Vielleicht hilft der Eimer neben der Kloschüssel? Randvoll mit Wasser, lässt er auf halber Höhe einen Schöpflöffel aus Plastik erkennen. Ob das Wasser sauber ist? Oder hat am Ende mal einer... Immerhin muss man den Arm bis fast auf Ellenbogenhöhe in den Fluten versenken, um den Griff zu fassen und einen Schwung Nass ins Klo zu schütten. Die Option »nach der richtigen Methode fragen« entfällt: Wer will schon auf der öffentlichen Toilette Fremde ansprechen und ihnen vor dem optisch und olfaktorisch ansprechenden Hintergrund einer benutzten Toilette pantomimisch das Problem erläutern...

Nun könnte man meinen, all diese Toilettenprobleme seien der primitiven Technik geschuldet (ein Gedanke, der einen selbst ja irgendwie auch viel besser dastehen lässt). Den passenden Dämpfer holt sich der Europäer dann in Japan. Alle Toiletten, selbst am Bahnhof oder im Kaufhaus, sind grundsätzlich blitzeblank und alle Funktionen laufen automatisch ab. Das klingt erst einmal nach einer guten Neuigkeit – vor allem, wenn man gerade aus einem Drittweltland kommt. Wären wir Westler nur nicht alle kollektiv zu ungeschickt, diese Hightech-Toiletten zu bedienen! Denn die Beschriftung ist auf Japanisch. Ausschließlich. Das ist zugegeben ein kleines Manko, denn beim Versuch, die Spülung zu finden, erwischt der Reisende mit ein wenig Glück nur die Raumduft-Taste. Peinlicher wird es, wenn er auf die Taste für die automatische Wasserreinigung drückt. Das kann, sprichwörtlich, ins Auge gehen und – Könner lassen keine der beiden Varianten aus – peinliche Flecken auf der Hose hinterlassen. Manche Toiletten haben sogar einen Sensor, der die Klodeckel automatisch anhebt, was nicht eines gewissen

Schreckmoments entbehrt, andere lösen bei der kleinsten Bewegung ein Geräuschband aus, das eine potente Klospülung simuliert: Es soll die natürlichen Geräusche übertönen. Als tückischste Fallen erweisen sich jedoch behindertengerechte Toiletten. Auch hier läuft alles automatisch ab und ist, einmal ausgelöst, nicht mehr zu stoppen. Wer hier im falschen Moment den Knopf zum Öffnen erwischt, muss panisch zuschauen, wie sich die Tür in Zeitlupe beispielsweise in Richtung einer vollen Kaufhausetage öffnet und langsam, wirklich langsam wieder schließt, während alle vorbeiflanierenden Japaner mit einem verdächtigen Zucken um den Mund so tun, als hätten sie nichts gesehen. Das ist kein Moment fürs Tagebuch und erst lange Zeit später eine gute Geschichte.

Kein Wunder, dass Japaner verblüfft reagieren, wenn sie zum ersten Mal in Deutschland vor dem Klo zur Kasse gebeten werden: Für die dreckigen Kabinen? Wäre da nicht der furchterregende Blick der Kittel-beschürzten und mit Schrubber bewaffneten Matrone am Resopaltischchen …

Achtung!

Ostasiatische Toiletten lassen sich meist nicht abschließen. Wer hier mit Schwung und Eile in die Kabine stürzt, hat daher gute Chancen, eine hosenlose Japanerin/Chinesin von der Schüssel zu fegen. Auch in dringlichen Fällen klopft man daher vorher an die Tür und wartet einen kurzen Moment, ob von innen ein leises Gegenklopfen ertönt. Sollten Sie sich versehentlich in der Kabine einschließen, falls diese doch mal ein Schloss besitzt, kommen Sie mit Klopfen daher nicht sehr weit: Rufen Sie lieber um Hilfe.

Anders herum gesehen nimmt der Reisende aus Japan meist einen positiven Eindruck mit: Beheizte Klobrillen, selbst auf öffentlichen Toiletten, zeugen nicht nur von Liebe zum Detail, sondern auch vom Optimismus, es werde sich allen Ernstes einer draufsetzen. Und während der Toilettengänger noch über den Luxus und die Möglichkeit eines Direktimports nach Deutschland grübelt, wird das nachlaufende Wasser des Tanks zum Händewaschen genutzt. Alles perfekt also? Ganz so idyllisch scheint das japanische Verhältnis zur Toilette dann doch nicht zu sein. Sonst gäbe es die Kloschlappen nicht, den Untergang eines jeden Ausländers.

Vorneweg muss man erklären: Japaner ziehen zu allerhand Gelegenheiten die Schuhe aus. Wenn sie eine Wohnung betreten, in den Tempel oder Schrein gehen, im Hotel einchecken und an vielerlei anderen Orten. Auf die Toilette darf man allerdings nicht in Socken schlurfen. Hier werden spezielle WC-Schlappen bereitgestellt, die auf der Toilette und nur dort getragen werden. Und so bietet sich dem Ausländer immer wieder eine perfekte Fettnäpfchen-Vorlage, wenn er, zum Entsetzen der Gastgeber, vergisst, sich der Kloschlappen zu entledigen und damit bis zum Esstisch läuft. Weil dieser Fauxpas so unverrückbar und unveränderlich zum Repertoire der Westler zu gehören scheint, sind viele Gästehäuser und Hotels dazu übergegangen, knallrote Kloschlappen mit dem großen Aufdruck »Toilet« zu verwenden. (Was, ganz am Rande bemerkt, bedeutet, dass es irgendwo im Land eine Fabrik geben muss, die speziell Kloschlappen zur ausländischen Benutzung herstellt! Schön wäre es allerdings, wenn sie dies in Zukunft auch noch über die Größe 36/37 hinaus täte.) Dieses herzallerliebste Schuhwerk macht sich zwar gut als Fotomotiv, ist aber letztlich genauso sinnlos wie alle anderen Versuche, die westliche Sensibilität für Kloschuhe zu erhöhen.

Wie ernst die Japaner die Schuhfrage nehmen, führte mir einst eine furchterregende Motorrad-Gang in den japanischen Alpen vor: Laut knatternd und kettenrasselnd fuhren die Mitglieder, offensichtlich auf Ausflugsfahrt, mit ihren Harleys auf den Parkplatz einer traditionellen Ryokan-Unterkunft und wankten zum Eingang. Dann wechselten die harten Jungs unter dem scharfen Blick der Herbergsmutter blitzschnell aus den Motorradstiefeln in die lächerlichen, weißen Plastikschlappen, die in den Ryokans Pflicht sind. Ohne zu murren!

All die peinlichen, seltsamen und lustigen Klo-Erlebnisse, von der unfreiwillig verstopften Schüssel bis zum unpassenden Durchfall unterwegs, müssen natürlich psychologisch aufgearbeitet werden. Finden zumindest Deutsche, Holländer und Engländer. Sie sitzen bei internationalen Unternehmungen irgendwann (meist nach dem vierten Bier oder dritten Schnaps) gemeinsam an einem Tisch und beichten sich unter Gelächter früher oder später die peinlichen Toiletten-Geschichten, wer wann wie den Schlüssel versenkt hat oder welche unerfreulichen Erlebnisse die letzte Magenverstimmung mit sich brachte. Am Nachbartisch konversieren derweil die Franzosen, Spanier und Italiener über feine Dinge oder reißen anzügliche Witze – zum Beispiel über die germanischen Fäkal-Banausen nebenan. US-Amerikaner sitzen derweil am dritten Tisch und finden die Europäer allesamt komplett befremdlich und peinlich. Zugegeben, das mag ein kleines bisschen überzeichnet sein, allerdings nur marginal… So gibt es in Berlin tatsächlich seit über 40 Jahren eine Klo-Kneipe, in der die Gäste selbstredend auf frei installierten Schüsseln Platz nehmen und den gemeinschaftlichen Cocktail aus Emaille-Pisspötten schlürfen. Irgendwie kann ich mir dieses Konzept nicht wirklich in Paris vorstellen.

Passend zum Ekel-Thema Toiletten wäre hier als fremdländische Attraktion noch das Rotzen auf der Straße zu erwähnen: Tief Luft holen, ein gurgelndes Geräusch ausstoßen und schon liegt der Schleimbatzen auf der Straße. Peinlich oder nicht, da ist die Welt zweigeteilt. Für europäische Besucher des orientalisch-asiatischen Kulturraums gehört das hingebungsvolle Rotzen in der Öffentlichkeit jedenfalls zu den ganz großen Heimweh-Momenten. Von Usbekistan bis

China und Pakistan pflegt man diese seltsame Sitte, deren leider kaum übersehbare Spuren überall die Straßen säumen. Eine Ausrede dafür gibt es natürlich auch: Der fiese Schleim, der anderenorts in Tempotaschentüchern landet, muss ja schließlich entsorgt werden.

Wer sich länger im Umfeld des »Rotzgürtels« bewegt, stellt fest: Rotzen wird durchaus mit ideologischer Hingebung betrieben. Vielleicht ist es dieses Element, das letztlich auch den einen oder anderen Westler überzeugt. Interessant ist jedenfalls zu sehen, wie viele Deutsche im Anschluss an einen längeren Aufenthalt in China oder Pakistan zwar mit bedauerlich geringen Sprachkenntnissen, aber dafür mit einer perfekten Rotz-Auswurfkurve und umfangreicher Anti-Taschentuch-Rhetorik zurückkehren. Umgekehrt ist es natürlich auch nicht anders: Die Vorstellung, den ekeligen Schleim in ein Tuch zu schnäuzen und dieses leicht feucht dann wieder in die Hosentasche zu stecken oder gar einen prüfenden Blick hineinzuwerfen, ist für Asiaten eine regelrechte Brech-Vorlage und der insgeheime Beweis, dass es mit der westlichen Kultur doch nicht so weit her sein kann.

Achtung!

Rund 2,5 Milliarden Menschen weltweit haben keinen Zugang zu sanitären Anlagen. Wenn Sie sich in Afrika oder Asien aufs Land begeben, sind Sie daher ruckzuck Mitglied einer großen Gemeinschaft. Nämlich derer, die sich jeden Tag aufs Neue überlegen müssen, wo sie eine diskrete Ecke finden, um ihr Geschäft zu verrichten. Dass das gar nicht so einfach ist, kann man jeden Morgen entlang der indischen Bahnlinien beobachten. Für Ausländer ist dieser Ort übrigens nicht die erste Wahl, wenn sie Wert auf Intimsphäre legen. Genauso unattraktiv sind die »flying toilets«. Oder anders gesagt: Verkneifen Sie sich im südlichen Afrika die Frage, was die vielen zugeknoteten Plastiktütchen am Straßenrand wohl beinhalten.

Gekachelte Fettnäpfchen

Fettnapf 67: Den Stöpsel ziehen | **Fettnapf 68:** Ungewaschen in die Wanne | **Fettnapf 69:** Nackt in die Sauna | **Fettnapf 70:** Nicht nackt in die Sauna

Wer sich mit Tempos und Toiletten im Ausland noch nicht genug blamiert hat, kann sich den Nachschlag gleich beim Händewaschen oder im Badezimmer holen.

Das gute an Badezimmer-Aufenthalten ist: Meist ist man allein und das eröffnet einem die Möglichkeit, hier und da zu experimentieren. Wie bitte geht zum Beispiel das Wasser an? Diese Frage kann sich durchaus als tückisch erweisen. So erkennt man Europäer in Singapur gerne an den wilden Winkbewegungen am Waschtisch der öffentlichen Toilette. Dabei wedeln sie nicht etwa mit den Händen, um Hilfe herbeizurufen, sondern in der irren Hoffnung, so doch noch den Infrarotmechanismus des Wasserhahns auszulösen. Dieses beeindruckende Ballett beginnt meist harmlos, gewinnt aber mit steigender Verzweiflung an Fahrt. Man muss dazusagen: Singapur ist wirklich ein angenehm sauberes Land und die öffentlichen Toiletten des Stadtstaates sollte man viel öfter als leuchtendes Beispiel für alle anderen Länder Asiens anführen. Keime und Bakterien haben hier keine Chance. Damit das so bleibt, hat man sich fast überall vom traditionellen Wasserhahn verabschiedet und stattdessen Bewegungsmelder eingebaut. Da steht er nun, der großzügig eingeseifte Ausländer und hält die Pfoten vergeblich unter den Wasserhahn. Vielleicht muss man mal leicht daran rütteln? Die Singapurerin am Becken nebenan runzelt die Stirn und macht es vor. Einfach mal kurz vor dem Sensor wedeln. Ach so! Leider tut sich dennoch nichts. Vielleicht an einem anderen Hahn? Oder doch mit ausladenderen Bewegungen? Um es kurz zu machen: Das sieht für jeden Neuankömmling, der den Beginn des Dramas nicht mitverfolgt hat, ziemlich dumm aus und hilft nicht wirklich, neue Freunde in der Ferne zu finden. Den glitschigen Händedruck gibt's gratis dazu …

Achtung!

Auch umgekehrt tun sich Asiaten hier und da schwer, das europäische Bad zu verstehen. Wundern Sie sich nicht, wenn chinesische Gäste in Deutschland eine fürchterliche Überschwemmung im Bad hinterlassen. Duschen à la chinoise geht nämlich so: Die Wanne mit Wasser füllen und dann vor der Wanne das Nass in großzügigen Becherfüllungen über den Kopf schütten. Dumm ist nur, dass europäische Bäder meist keinen Bodenabfluss haben.

Die große, verdichtete Blamier-Möglichkeit für alle Nationalitäten (außer den Japanern natürlich) ist jedoch das japanische Bad. Abends um sechs vollzieht sich in den japanischen Kur- und Touristenorten ein seltsamer Wandel: Schlagartig leeren sich die Straßen, klappen die Souvenirhändler die Buden zu, legt sich Stille über die Stadt. Dabei gehen auch die Japaner kein bisschen früher schlafen als die Bewohner der westlichen Hemisphäre. Des Rätsels Lösung sprudelt und blubbert im Erdgeschoss der meisten traditionellen Gästehäuser: Man trifft sich, vor allem abends, im Onsen, dem japanischen Thermalbad.

Ausländer findet man hier selten. Was sich auch – aber nicht nur – mit dem generellen Mangel an Fremden erklären lässt. Dem »Gaijin« eilt ein ungewaschener Ruf voraus. Er gilt als roh und ungehobelt und vor allem der Onsen-Etikette nicht mächtig. Und da ist durchaus etwas dran: Wir Europäer baden, um uns zu säubern. Der Japaner säubert sich, um zu baden. Wie, wann und in welchem Zustand, dafür gibt es ein umfangreiches Set von Regeln, die der Ausländer natürlich nicht kennt. Besonders im Norden Japans sorgen hier und da »Japanese only«-Schilder für Verdrossenheit. Russische Matrosen sollen hier, so geht die Mär, auch schon per Anlauf und Arschbombe dem meditativen Ambiente den Todesstoß versetzt haben. Bücher wie »How to use Onsen« oder »How to behave in Onsen« mahnen im Rest des Landes den ausländischen Anstand an.

In den Onsen selbst hat man sich eher praktische Lösungen wie die Instruktion per Klappkarten ausgedacht. Das Problem ist nämlich: Mit den Englischkenntnissen der Hotelangestellten ist es fernab der Großstädte nicht so weit her. Der klassische Beginn eines Onsen-Aufenthalts geht daher so: Kurz unter dem Tresen gesucht, und schon führt eine geringte Sammlung von laminierten Pappschildern durch die wichtigsten Schritte des Badevergnügens: »Welcome to our Onsen« heißt die erste Karte. Dann – klapp! – wird es sachlich. Blatt für Blatt geht es virtuell durch die Regeln und Räume des Onsen. Es gilt die Schuhe zu wechseln, klapp, Wertsachen abzugeben, klapp, sich vor dem Bad gründlich zu reinigen, klapp, und auch der Weg zum Becken erweist sich als nicht ohne und benötigt immerhin, klapp, klapp, klapp, drei Seiten. Eine kleine Tüte mit Handtuch, Waschlappen, Einwegzahnbürste und Plastikschlappen in Größe 36 leitet das Ende der Instruktion ein. Außerdem bekommt man noch einen Zettel mit der Zusammenfassung der wichtigsten Regeln auf Englisch. Hier meint man es ernst mit der Sauberkeit.

Dann geht es los. Etwas weiter hinten im Gang flattern ein blauer und ein roter Vorhang. Männer und Frauen, ganz klar. Nur was ist was? Nach ausländischem Trial&Error-Verfahren erweist sich Rot als die richtige Farbe für Frauen. Hinter der

Schiebetür zeigt sich der Onsen von seiner prächtigen Seite: Keine pilzige Umkleideatmosphäre, keine zugigen Kabinen, keine praktisch-hässlichen Spinde. Stattdessen: Warme Holzvertäfelung, Bastkörbe für die Kleidung, flauschige Fußmatten und ein dezenter Limonengeruch. Handtücher, Lotion und Zahnpasta, allesamt von japanischen Markenfirmen, werden gestellt. Sogar die Tücher erweisen sich als kuschelig. Und das für umgerechnet nicht einmal fünf Euro! Wer in Japan baden war, kann in deutschen Etablissements eigentlich nur noch weinend zusammenbrechen. In einem kleinen Glasschrank, der Kuchenkühltheke eines deutschen Senioren-Cafés nicht unähnlich, warten in blauem Licht Kämme und Bürsten auf den verstrubbelten Besucher. Desinfiziert versteht sich. Einen kurzen Moment der Unsicherheit gibt es allerdings auch hier: Jetzt schon ausziehen – oder erst später?

Für die nächste Stunde heißt es: schauen und nachmachen. Vor dem Bad wird sich gewaschen, sagt der Handzettel. Mit Einsatz und Schwung: schrubben, rubbeln, spülen, seifen. Noch mal abrubbeln. Sie hören gar nicht auf, die anderen Besucher. *Kakeyu* heißt dieser Hautverlust, und auf Japanisch klingt das gleich viel gehaltvoller als »waschen«. Geduscht wird diskret im Sitzen, per Holzbottich kippen sich die anderen Besucher hektoliterweise Wasser über die Schultern. Hier ergibt sich die erste echte Gelegenheit, auch ohne Kloschlappen mal so richtig negativ aufzufallen, indem man mit Schaumresten am Körper ins heiße Becken steigt.

So blamieren Sie sich richtig!

Leser mit Tätowierungen können sich die Lektüre der folgenden Seiten sparen und steigen erst wieder auf Seite 180 ein. Denn nur der schicke Yakuza-Mafiosi trägt in Japan Tattoos. Und weil außer Bauunternehmern und zweitklassigen Politikern niemand ernsthaft mit den Yakuza zu tun haben möchte, hält man sich das illegale Pack einfach indirekt über ein Tätowierungsverbot vom Leib.

Ob diese Regel auch bei Ausländern umgesetzt wird, ist ein Roulettespiel. Und ziemlich peinlich, wenn man vom Haus-Security-Service wieder zur Umkleide geleitet wird. Je größer der permanente »Körperschmuck« und je voller der Onsen, desto größer ist die Chance, dass es mit dem großen Auftritt klappt.

Allerdings scheinen sich ausländische Gäste auch ohne Tattoos allerhand Fehlverhalten geleistet zu haben. Und zwar vieles, auf das man auf Anhieb selbst gar nicht käme. Aber dazu gibt es ja besagten Handzettel. Er mahnt unter anderem: »Bitte keine Wäsche im Onsen waschen.« Sind es Vorurteile? Oder hat am Ende mal jemand …? Ein weiteres brisantes Detail ist die Frage: »Wohin mit dem Handtuch?« Ein kurzer Moment der Unsicherheit. Die alte Frau im Becken macht es vor: zweimal gefaltet und dann auf den Kopf gelegt. Es bleibt der leise Zweifel: Ist dies eine persönliche Marotte (und ergo nicht zu imitieren) oder Standardprozedur? Wer es auf das ganz große Finale anlegt, der nimmt sich den letzten Satz der englischen Anleitung zu Herzen: »Nach dem Bad bitte nicht den Stöpsel ziehen.« Das muss einer von denen gewesen sein, die sie anfangs nicht reinließen.

In Anbetracht der zahlreichen Hürden im japanischen Onsen sollte eine westliche Badeanlage keine große Herausforderung mehr darstellen. Doch weit gefehlt. Spätestens wenn der forsche Deutsche nackt die englische Sauna betritt, fällt diese These in sich zusammen. NACKT! IN DIE SAUNA! Wo einen andere Menschen sehen könnten (und es meist auch tun)! Unfassbar! Für Engländer ein grandioser Quell von Peinlichkeit, und in den USA geradewegs illegal. Auch in Südamerika, den romanischen Ländern, Australien, Norwegen oder Dänemark ist es keinesfalls üblich, sich nackt zu zeigen.

Lediglich im deutschsprachigen Raum, Belgien, den Niederlanden, Slowenien, Kroatien, Korea, Japan und dem Baltikum geht es nackt zur Sache. Und natürlich in Finnland, dem Land der europäischen Sauna-Meister: Auf jeden zweiten Finnen kommt eine Sauna. Die Zahl der Schwitzkabinen oder -häuschen ist damit ungefähr so hoch wie die Zahl der zugelassenen Autos. Allerdings gilt auch in Finnland in der Regel, sofern sich nicht die Familienmitglieder in der Sauna drängeln: Erst die Frauen, dann die Männer. Manchmal muss es allerdings auch ein Alleingang sein. So ließ der finnische General Siilasvuo, der in den 1970ern als UN-Vertreter an den Waffenstillstandsverhandlungen zwischen Israel und Ägypten teilnahm, doch tatsächlich in der glühenden Hitze der Wüste Sinai ein Saunazelt aufbauen – um mal richtig zu schwitzen …

Fettnapf auf Rollen

Fettnapf 71: Mit dem Rollkoffer reisen | **Fettnapf 72:** Ohne Rollkoffer reisen | **Fettnapf 73:** Liegen reservieren

Wer von interkulturellen Problemen auf Reisen spricht, meint meist Reibungen mit der einheimischen Kultur des Reiseziels. Doch es gibt noch eine viel einfachere Möglichkeit, Fauxpas zu sammeln: Der Kontakt mit anderen Reisenden …

Sollten Sie einmal so richtig Lust auf Erniedrigung verspüren – quasi die »Shades of Grey« für unterwegs – dann checken Sie mit Rollkoffer in einem Backpacker Hostel ein. Falls Ihnen das Wort »Backpacker Hostel« nichts sagt, dann sind Sie prädestiniert für diesen Fauxpas und besitzen wahrscheinlich auch schon einen schicken Rollkoffer.

Backpacker Hostels sind im Grunde nichts anderes als private Jugendherbergen mit einem coolen Namen, die den lauwarmen Hagebuttentee durch hippe Cocktails und Bier ersetzt haben und keine Sperrstunde kennen. Im Erdgeschoss wartet meist eine kleine Bar mit wummernden Bässen und Independant-Musik. Am Tresen sitzen junge Reisende, die sich gegenseitig mit coolen Geschichten übertrumpfen, deren wichtigste Botschaft sich mit den Worten »I'm not a tourist, I'm a traveller!« zusammenfassen lässt. Touristen sind nämlich das Allerletzte, während Traveller die Welt erkunden, den Sinn des Lebens suchen und sich nahtlos in die lokale Kultur einfügen. Adaptionisten bezeichnen sich beispielsweise gerne als Traveller. Dies muss sich natürlich auch optisch bemerkbar machen: Leinenhosen, Turbane, bunte Zöpfchen oder verfilzte Rastafarilocken edeln den Backpacker. Hinter dem Tresen steht daher auch mindestens ein Angestellter mit Rastalocken, sonst ist der Laden nicht cool. Das Bier stammt aus einer kleinen Mikrobrauerei und alle Cocktails werden nachhaltig gemixt. Oder so ähnlich. So ganz genau will das ohnehin niemand wissen, weil man sich hier dank der günstigen Preise zügig die Kante geben kann. Das macht es leichter, neue Kontakte unter Reisenden zu knüpfen. Vorausgesetzt, man kommt nicht auf die Schnapsidee, mit einem Rollkoffer anzureisen. Dann nämlich ist man ein TOURIST. Der Effekt dieses Accessoires ist unbeschreiblich und man kann gar nicht eindringlich genug davor warnen, so einen rollenden Fehler zu begehen. Ob man, unabhängig vom Reisegepäck, tolle Abenteuer überstanden hat, mit Indiana Jones auf Expedition war oder auf einem Bein durch die Wüste Taklamakan gehüpft ist: Alles egal, man hat es ja als Tourist getan. Pfui! Die Rollkoffer-Scharte lässt sich nicht mehr ausmerzen. Doch wie geht es richtig?

Achtung!

Einzig ein speckiger Rucksack ist hier standesgemäß. Vor allem wenn man ihm ansieht, dass er schon in allen siffigen Ecken der Welt gestanden hat, der Boden die Spuren von Kuhdung (Indien) und Schafsknöddel (Neuseeland) trägt. »Der Riss da, der stammt von meiner Fahrt auf dem Zugdach auf dem Weg zur Teufelsnase. Damals, als das noch möglich war.« Banausen wirft man dann noch die Information hinterher, dass es sich um die Strecke von Riobamba nach Sibambe handelt. »In Ecuador, am Chimborazo« für die Doofen. Mit einem verträumten Blick heißt es dann diese Narbe zu streicheln, eine schmerzliche Erinnerung an bessere Zeiten. Heute darf man nämlich nicht mehr auf dem Zugdach sitzen, weil hier und da mal einer runterfiel. Verschiedene Aufnäher exotischer Destinationen wie »Mali 1995« oder »Ruanda 2011« ver-

vollständigen den Cool-Faktor. Verschrobene Typen kommen eventuell mit einer alten Reisetasche durch (wichtig: ohne Rollen!), müssen dadurch aber garantiert einen Malus bei den Paarungschancen hinnehmen.

Dummerweise ist der Rollkoffer nur eines der zahlreichen Fettnäpfchen, die auf den Reisenden warten, der darauf brennt, in der Gemeinschaft der Backpacker akzeptiert zu werden. Was übrigens gar nicht so unwichtig ist, weil man unterwegs immer wieder dieselben Menschen trifft. Dies wiederum liegt daran, dass es für Backpacker eine ganze Reihe Regeln zu beachten gilt – zum Beispiel, welche Reiseziele akzeptabel sind und welche nicht, wie man dort hinreist, wo man angesagt übernachtet und wo nicht… Wer in die Kegelkarstlandschaft der südchinesischen Provinz Guangxi reist, muss im Dorf Yangshuo unterkommen (hier gibt es auch die berühmten Banana Pancakes), auf keinen Fall aber in der benachbarten Großstadt Guilin, wo die Touristen wohnen und im Winter sogar beheizte Zimmer vorfinden, die Weichlinge! In Thailand müssen es die Inseln Ko Phangan, Ko Tao oder irgendein anderes unbekanntes Eiland sein, während Ko Samui wiederum Rollkofferstatus hat.

Dazu gibt es noch ein paar weitere Fettnapf-Todsünden in der Backpackerszene:

a) *Zugeben, dass man eigentlich auf Luxus steht.* Egal ob im Schlafsaal des Backpacker Hostels oder im abgewrackten Strandbungalow ohne Dusche: Ein klitzekleiner Vergleich mit den kuscheligen Zimmern des letzten Fünf-Sterne-Hotels, ein träumerischer Blick beim Gedanken an ein weiches Bett mit Zimmerservice können das soziale Aus bedeuten. Auch das aufrichtige Bekenntnis, dass es für einen persönlich sehr wohl einen Unterschied macht, ob man mit oder ohne Bettwanzen übernachtet, wird nicht gerne gehört. Was nicht bedeutet, dass Menschen, die mit dem

Rucksack unterwegs sind, nicht auch hier und da mal ein Luxushotel von innen sehen. Spätestens nach drei Wochen *on the Road* wird der Reisende schwach. In Malaysia zum Beispiel, weil hier der Luxus besonders günstig ist, da darf man schon mal ein kleines bisschen schummeln. Oder in Indien, wo Durchfall und Krankheiten, die man als Europäer nur aus mittelalterlichen Geschichten kennt, selbst den härtesten Reisenden fällen wie einen morschen Baumstamm: Einfach mal richtig lange heiß duschen, ausschlafen und sich ganz normal aufs Klo setzen können! Wow!

b) *Erste Klasse fahren, wenn es auch dritte Klasse gibt.* Geht gar nicht. Gar nicht! Nur Touristen fahren erste Klasse. Traveller dagegen solidarisieren sich mit der lokalen Bevölkerung. Mit der armen Bevölkerung versteht sich, denn auch in der ersten Klasse sitzen ja Einheimische, die sich aber aufgrund ihres wohlhabenden Status nicht als Kontaktpersonen eignen. Je länger, anstrengender, schlafloser und billiger die Fahrt ist, desto besser. Einen Extrabonus gibt es für Fahrten im Stehen. Lachen Sie nicht darüber und wedeln Sie niemals ausgeruht mit dem Schlafwagenticket, wenn Sie nicht einsam auf Backpacker-Pfaden wandeln wollen.

c) *Sich auf zu Hause freuen.* Nur Kleingeister und Menschen, die mit der Fremde nicht klarkommen, freuen sich auf zu Hause. So zumindest lautet das Credo der Traveller-Szene. Outen Sie sich nicht als Heimweh-Kandidat und finden Sie zu Hause alles spießig, dann liegen Sie immer richtig.

d) *Zugeben, dass man eine Location nicht kennt.* Wo bitte liegt Dali? Was ist eine Full Moon Party? Kann man Rishikesh essen? Und warum spricht jetzt keiner mehr mit mir? Uncoolsein ist so ansteckend wie Windpocken. Geografische Wissenslücken oder die mangelnde Kenntnis hipper Orte komplementiert man daher möglichst diskret oder klemmt sich an eine Gruppe, die dorthin fährt – dann weiß man bald ganz genau, wie es in Dali und Rishikesh aussieht und kann hinterher genauso abfällig blicken, wenn man an einen Neuling gerät.

e) *Die Khaosan Road in Bangkok doof finden.* Das ist ein echt großes Fettnäpfchen. Gehen Sie doch in Ihr doofes Luxushotel! Die besoffenen Traveller, die hier nachts von einer Bar zur anderen torkeln und dabei Reise-, Pardon, Traveller-Geschichten vergleichen, sind sowieso nicht scharf darauf, sich mit Ihnen sehen zu lassen.

f) *Mehr als drei Unterhosen dabeihaben.* Ein echter Traveller passt sich dem Reiseziel an oder glaubt zumindest, dies zu tun. Warum also mehr als das Nötigste (oder noch weniger!) mitnehmen? Profis bohren sogar Löcher in den Griff der Zahnbürste, dann wird der Rucksack nicht so schwer… Auch hier heißt es: Große Vorräte an mitgebrachter Kleidung tunlichst unter Verschluss halten und auf keinen Fall auf den hygienischen Aspekt dieses Umstands hinweisen!
Auch Perlenkettchen oder andere Schmuckstücke nicht ethnischer Herkunft sind out, der Backpacker trägt lieber ein schlichtes Lederarmband oder lässt sich von den Einheimischen bunte Zöpfchen ins Haar flechten.

g) *Einen anderen Reiseführer als den Lonely Planet oder Rough Guide benutzen.* »The Bible« ist natürlich kein religiöses Werk, sondern die jeweilige passende Ausgabe des Lonely Planet. Alternativ findet auch der Rough Guide Gnade in den Augen der Traveller. Kein anderes englischsprachiges Werk hat einen derartigen Kultstatus, dem es zu huldigen gilt. Bücher in anderen Idiomen werden argwöhnisch begutachtet, hier kommt man aber zur Not auch mit alternativen Titeln durch. Wichtig ist: Das Buch muss aussehen, als ob man mit ihm zwischen den Zähnen schon mindestens drei Flüsse schwimmend durchquert hat, und es sollte die Spuren intensiver Lektüre tragen. Auch auswendig gelernte Passagen kommen gut an und ersetzen Kant, Hegel und Nietzsche.

h) *Esoterik doof finden.* Zu den ganz großen Konversationstabus gehören: Nicht an die Kraft der Medizin der Ureinwohner (von wo auch immer) zu glauben, keine spirituelle Erfahrung anzustreben und bei der Meditation einzuschlafen. Wer die *Vibrations* eines Ortes nicht spürt, bleibt besser gleich zu Hause.

i) *Eine Handtasche tragen.* Wer mit Handtasche reist, kann auch gleich den Rollkoffer nehmen, denn dieses Accessoire sagt aus Backpacker-Perspektive mehr über seine Trägerin aus, als es ein ganzer Lebenslauf könnte: Etabliert, spießbürgerlich, unfähig, sich auf die Fremde einzulassen … von Männerhandtaschen gar nicht zu reden. Allerdings ist die Handtasche nicht zu verwechseln mit einer Büchertasche, die wiederum ideologisch in Ordnung ist. Die Grenze zwischen Gut und Böse liegt im Bereich des DIN-A4-Formats: Drüber ist nicht mehr schick und deshalb okay. Richtig macht man es übrigens mit einem Bauch-Innengurt, der schon so speckig ist, dass Taschendiebe lieber auf das nächste Handtaschenopfer warten.

j) *Partnerlook tragen.* Niemals, nicht einmal tot würden sich Rucksackreisende im koordinierten Partnerlook blicken lassen. Wahrscheinlich, weil der Einheitslook mit dem Gruppentourismus assoziiert wird. Gruppentouristen sind noch ein bisschen verachtungswürdiger als normale Touristen, also das Allerletzte. Als einzige Ausnahme gelten T-Shirts, die von einem einmaligen Abenteuertrip oder einer spirituellen Erfahrung künden und deshalb über den Dingen (und Regeln) stehen.

Der Knigge der Gruppen- und Pauschalreisenden wiederum weist völlig andere Regeln auf. Nicht zuletzt weil man sich in dieser Tourismussparte genauso von den ungewaschenen und bekifften Backpackern distanzieren möchte, wie diese sich von den Gruppen- und Pauschaltouristen. Mit dem koordinierten Look hat man hier weniger Probleme. Zu Beginn der Reise verteilte einheitliche T-Shirts, Jacken oder Kappen mit dem Veranstalterlogo werden unterwegs gerne getragen, erleichtern sie doch die Identifikation mit der Gruppe. Einige dicke Fettnäpfchen gibt es jedoch auch im Gruppentourismus:

a) *Die Mütze nicht aufsetzen.* Das Gruppenerlebnis kann nur gelingen, wenn nicht irgendwelche Querulanten verzweifelt ihre Individualität zu wahren versuchen. Sperenzchen wie die Verweigerung der Gruppen-Mütze oder gar Sondertouren ohne Gruppe werden mit Missbilligung gestraft. Besonders schwer wiegt der Versuch, sich dem abendlichen Absacker an der Bar zu entziehen. Dies gilt besonders für Reiseleiter, die sich so einen empfindlichen Abzug beim Trinkgeld einhandeln.

b) *Das ist mein Platz!* Kenner wissen: Niemals sollte man noch einmal schnell auf die Toilette huschen, wenn die Gruppe auf den Bus wartet. Gleich zu Anfang, beim ersten Einsteigen geht es nämlich um die Wurst. Da heißt es schnell sein, denn der nun gewählte Sitzplatz bleibt einem auf Gedeih und Erbrechen die gesamte Reise über erhalten. Der Versuch mit einem weinerlichen »Ich muss ganz hinten immer so fürchterlich kotzen« einen Sitzplatzwechsel zu erzwingen, funktioniert nur, wenn man der verbalen Drohung ein wenig Mageninhalt folgen lässt. Die einzige wirkliche Chance auf ein Upgrade ist der Buswechsel. Dummerweise wissen bis dahin alle im Bus, wie der Hase läuft, und drängen sich um die besten Plätze. Die Frage, ob es legitim ist, bereits beim Einsteigen seine Tasche auf den favorisierten Platz in der Mitte zu schleudern und diesen damit zu belegen, oder ob die finale Belegung erst durch den Hintern-Sitz-Kontakt zustande kommt, ist heiß diskutiert.

c) *Handtuch auf dem Liegestuhl.* Morgens um sechs geschehen am Hotelpool seltsame Dinge: Leise huschen unausgeschlafene Urlauber zu den Liegen, werfen blitzschnell je ein Handtuch darauf und verschwinden wieder. Nur vom Todeswunsch beseelte Menschen nehmen dieses Handtuch mutwillig wieder weg. Die reservierte Poolliege ist bei Pauschalreisenden rund ums Mittelmeer ein Heiligtum, das Revierpinkeln der Familienväter.

In der Welt der Luxushotels ist vieles natürlich genau umgekehrt: Wer hier versucht, mit dem Handtuch eine Liege in Besitz zu nehmen, kann eigentlich gleich auch wieder auschecken – das wird nichts mehr, versprochen. Auch das Geständnis den Angestellten gegenüber, man sei zum ersten Mal so hochpreisig unterwegs und komme sonst nur in sternelosen Billigunterkünften unter, ist eine nie wieder wettzumachende Scharte. Und dies, obwohl der monatliche Verdienst just jener Hotelangestellten (auch der westlichen) wahrscheinlich ziemlich genau der regulären Rate für zwei Nächte im Doppelzimmer mit Frühstück entspricht. Dass man sich bei aller gerunzelten Stirn in Luxushotels generell mit abfälligem Verhalten gegenüber dem Gast zurückhält – selbst im Fall einer hohen Fettnäpfchen-Frequenz –, hat einen einfachen Grund: Man kann nie sicher sein, dass der Typ mit den fettigen Haaren und dem alten Koffer nicht doch der Enkel von Onassis oder der Bruder des Premierministers ist.

Egal auf welchem Sterne-Niveau man unterkommt, richtig spannend wird es, wenn unterschiedliche Kulturen als Gäste aufeinanderprallen.

Während Chinesen gerne nachts um drei auf dem Gang den vergangenen Abend unter Gelächter noch einmal Revue passieren lassen, machen sich Deutsche damit unbeliebt, dass sie just jene lustige Runde von der Seite anschnauzen und so zu sprengen versuchen. Mein Gott gibt es unfreundliche Menschen, wundern sich die Chinesen, die zwar inhaltlich nichts verstanden haben, aber irgendwie schon ahnen, dass dieser Mensch nicht zufrieden war!

Nicht minder interessant sind die Vorstellungen von korrektem Verhalten am Buffet. »Schmeckt nicht? Dann zurück damit in die Kühltheke«, scheinen sich Chinesen hier und da zu denken, während die arabischen Gäste zirkusreife Stapel-Kunststücke auf dem Teller demonstrieren, als sei Nachschlag generell verboten und eine Hungersnot stünde ins Haus.

Dass es nicht öfter zu Reibereien am Buffet kommt, liegt einzig und allein daran, dass die übernächtigten Westler (Sie erinnern sich, die lachenden Chinesen auf dem Gang nachts um drei) dann doch gerne etwas länger schlafen.

Ist absehbar, dass verschiedene Kulturen gleichzeitig das Frühstücksbuffet nutzen werden, sind etliche Hoteliers mittlerweile dazu übergegangen, die Konflikte räumlich zu entzerren und die Gruppen in verschiedenen Räumen unterzubringen. In München ließ ein Hotel sogar Infoblätter verteilen, die es sensiblen Gästen nahelegten, einfach nach acht Uhr zu frühstücken, wenn die chinesischen Gruppen bereits im Bus sitzen …

In die Vollen: Der Kulturschock

Fettnapf 74: Einheimische schütteln und schlagen | **Fettnapf 75:** Während des Kulturschocks Briefe schreiben | **Fettnapf 76:** Missionieren

»Alle blöd diese Rumänen! Alle!« Mit blanker Gewalt schiebe ich, ach was, fräse ich den Kinderwagen über den holprigen Gehweg. Was gar nicht so einfach ist, weil die knöcheltiefen Löcher im Asphalt auch an guten, ruhigen Tagen viel Geduld und Manövrierfähigkeit verlangen. Entnervt würge ich den viel zu unwendigen und vor allem ungefederten Buggy durch diese Kraterlandschaft, fast muss ich um die wenigen ersten Zähne meines Sohnes fürchten, so hart klappern sie aufeinander. »Können die denn nicht mal eine anständige Straße bauen!« Fast zwei Kilometer fluche und schiebe ich so bis zum Strand, beschimpfe im Geiste nicht nur alle Rumänen, sondern auch ihre Nachfahren, das politische System, die Geschichte und was mir sonst noch in den Sinn kommt. Alles komplett unerträglich! Und korrupt sind sie alle noch dazu. Erst nach einer halben Stunde, schweißgebadet und beim Anblick des fast makellosen Strands und der glitzernden Fluten des Schwarzen Meeres schlägt die Erkenntnis wie ein Blitz ein: Ich habe einen Kulturschock. Und zwar nicht zu knapp.

Das Dumme am Kulturschock ist: Niemand ist davor gefeit. Auch beim zehnten Aufenthalt in Südamerika, bei der gefühlt hundertsten Reise nach China überfällt er den Besucher hinterrücks und so plötzlich, dass er sich vor lauter überraschender Aggression selbst in den Arm beißen könnte.

Wie ein tollwütiger Hund schäumt und sabbert der Reisende in einem solchen Moment jeden und alles an, nichts scheint mehr sehens- oder gar bewundernswert. Aus freundlichen Einheimischen werden von einer Minute zur anderen schleimige Profiteure, aus charmanten Männern frauenfeindliche Machos, aus goldigen Kindern dreckige kleine Ratten. Heimtückisch ist der Kulturschock, weil ihn das Opfer eigentlich immer als Letzter erkennt. Weil er unleidlich macht, selbst die schönsten Orte verblassen lässt und manchmal sogar schon im benachbarten Ausland zuschlägt: Der Kulturschock verwandelt jede Reise spielend in eine Katastrophe. Treffen kann es jeden, ganz unabhängig von Hintergrund, Bildung und Erfahrung.

Was Kulturschock-Neulinge und Profi-Schocker unterscheidet ist lediglich der Erkenntnisprozess. Wer die Symptome kennt, sitzt sie aus wie einen Malaria-Anfall – auch der ist unangenehm, aber unausweichlich, ist man erst infiziert. Ein bisschen erinnert der Kulturschock an den Witz vom Autofahrer, der im Radio die Warnung vor einem Geisterfahrer hört und empört murmelt: Einer? Das sind doch Hunderte! Genauso stellt sich der Kulturgeschockte gegen die gesellschaftliche Fahrtrichtung – dabei könnte er es mit einer simplen Kehrwende so einfach haben!

Was genau den Kulturschock auslöst, ist noch nicht komplett geklärt. Was wahrscheinlich daran liegt, dass erst seit den 1950ern so viele Menschen ins Ausland fahren, dass sich eine intensive Beschäftigung mit diesem Phänomen aufdrängt. Ganz allgemein umfasst der Begriff die Reaktionen auf ungewohnte Erfahrungen in einer fremden Kultur. Wer sich in die Fremde begibt, erlebt, wie plötzlich alle Konventionen und vermeintlich selbstverständliche Verhaltensweisen infrage gestellt werden. Gestik, Mimik, Höflichkeit, gutes

Benehmen und die Vorstellung von politisch korrektem Verhalten, kurzum, alles das, was wir als »richtige« Umgangsformen kennen, wird mit einem Male umgekrempelt. Die Fremde zu suchen, mag glücklich machen, sie wirklich zu finden, macht es jedoch oft nicht. Im Grunde muss man sich den Kulturschock wie einen gärenden Haufen nicht verarbeiteter Eindrücke, Frustration, Angst und Orientierungslosigkeit vorstellen, der so lange vor sich hin fault, bis ein einziger Funke ihn mit einem geradezu hörbaren »Fupp« entzündet.

Allerdings sind es nicht einzelne schwierige Erlebnisse, sondern es ist die Summe nicht verarbeiteter Situationen, die direkt in die Katastrophe führt. Was letztlich der akute Auslöser für den befreienden Ausraster ist, bleibt eine persönliche Frage: Für den einen ist es der vierundzwanzigste Beschiss auf dem Markt, natürlich am selben Tag, für den nächsten die Fliege in der Suppe oder der einmillionunderste Versuch eines Straßenhändlers, einem ein billiges Handtaschenimitat anzudrehen.

Bei aller Individualität gibt es allerdings eine Handvoll verlässlicher Auslöser, die schon für sich allein zur Explosion führen können, im Ausland gerne aber auch Hand in Hand arbeiten:

Der Audio-Overkill

Vor dem Hotel findet ein Rund-um-die-Uhr-Konzert aus Moped-Hupen, quietschenden Bremsen, dem Röcheln verrosteter Auspuffe und natürlich der lokalen Tanz-Charts aus geöffneten Fenstern statt. Im Nachbarzimmer wird derweil ausgiebig geredet, gestritten und gelacht. Nicht eine Minute Ruhe ist dem Reisenden vergönnt, der an einem einzigen Tag die Phonzahlen ertragen muss, die ihm sonst über das ganze Jahr verteilt um die Ohren fliegen.

Egal ob in Südamerika, im Orient oder Fernost: Lärm gehört für den akustisch chronisch unterversorgten Deutschen zu einer der Hauptquellen des Kulturschocks. Die Dauerbeschallung verhindert effizient, dass die bisherigen Erlebnisse in irgendeiner Form verarbeitet werden. Macht das Reiseziel auch olfaktorisch noch richtig was her – zum Beispiel in den Tropen, wo jede Mülltonne schon nach Minuten an einem eigenen Odeur arbeitet – dann verwandelt sich der Audio-Overkill schnell in einen Sinnesalbtraum, der auch friedliche Menschen in Furien verwandelt.

Der Rockstar-Status

Eigentlich klingt das ja gar nicht schlecht: Endlich mal was ganz Besonderes sein! Ein Mensch, den alle kennenlernen wollen, der immer beachtet wird und immer aus der Menge sticht. Einer, der in jede Disko kommt, auch wenn er die falschen Schuhe trägt, weil er einfach so exotisch aussieht, dass sich die Menschen gar nicht sattsehen können.

Dummerweise wetzt sich der goldene Glanz dieses Zustands recht schnell ab: Immer und überall finden sich Menschen, die noch mal ganz genau hinschauen müssen, wieso der Fremde so weiß/dunkel/groß/klein ist, warum seine Haare so anders aussehen, seine Nase so gewaltig ist und seine Beine so haarig sind. Das Leben im Schaufenster, die Mischung aus Rockstar-Status und Zoo-Tier ist nichts für zurückhaltende Charaktere. Der immer gleiche Kanon an Fragen nach Herkunft, Ehestand und Einkommen tut sein Übriges dazu. Hier und da drängt sich die Frage auf: Werde ich noch als Mensch wahrgenommen? Die ehrliche Antwort lautet übrigens oft ganz schlicht »Nein«.

Kein Fall von Putzfimmel

Kakerlaken in der Vorratskammer, rußige Wände in der Küche, Wanzen im Bett und glitschige Pfützen auf der Straße, von den öffentlichen und oft auch privaten stinkenden Toiletten gar nicht zu reden – je ärmer das Land, desto eher treiben Dreck und Siff den Besucher in den Wahnsinn. Auch die Luftverschmutzung raubt dem Ausländer hier und da auf dem Globus sprichwörtlich den Atem. Rückkehrer aus Delhi oder Beijing hat man schon an der deutschen Autobahnraststätte tief durchatmen sehen: Was für eine wunderbare, klare Luft!

Schau mir in die Augen, Armes!

Armut und Leid sind Kulturschockauslöser allerersten Güteklasse. Wohlhabende Besucher aus der Ersten Welt verwinden den Kontakt mit dem täglichen Elend der Entwicklungsländer nur schwer. Spätestens wenn in Indien an jeder Ampel Bettler mit Krätze und offenen Wunden an der Scheibe des Taxis kleben und eine spontane Umverteilung des Vermögens fordern, kommt der westliche Besucher an seine Grenzen. Ja kann man denn nichts daran ändern? Man sollte …, man müsste mal … Mit diesen Worten beginnt ein langer Leidensweg, der durch viele Diskussionen und dabei geradewegs im Kreis herum führt.

Her mit dem Geld

Apropos Umverteilung: Das meiste Geld verliert der Reisende nicht bei Überfällen, sondern dank kleiner Aufschläge. Auf dem Markt, im Taxi, im Restaurant und wo man sonst noch sein Portemonnaie zücken muss. Der Ausländer hat's doch, der ist ja reich und außerdem – die wollen doch geradezu betrogen und beklaut werden! Die Ausreden sind mannigfaltig und überaus bunt. Neuankömmlinge nehmen diesen Malus noch gelassen, weil sie ihn nicht bemerken. Ist man dann einige Zeit im Land, fällt es jedoch auch den Gutgläubigsten unter uns auf. Außerdem: Kann es Zufall sein, dass die indischen, marokkanischen, kenianischen und bolivianischen Taxifahrer viel lieber Ausländer transportieren als Einheimische?

Lang lebe das Vaterland: Patriotismus

Meine Heimat ist das beste Land der Welt! – da sind sich die Einheimischen absolut sicher. Offensichtliche Missstände scheinen sie komplett zu ignorieren oder – nicht minder nervig – schönzureden. Sollte ein Missstand doch allzu offensichtlich sein, zum Beispiel weil sich ein geklautes Portemonnaie nun wirklich nicht wegdiskutieren lässt, dann heißt es, einen Schuldigen zu finden. Vorzugsweise andere Ausländer oder Minoritäten. Auf die Dauer entfaltet das eine zermürbende Qualität, vor allem weil man schnell merkt, dass jede Diskussion sinnlos ist. Diese Ansätze gibt es freilich auch in Westeuropa (wo sie nicht minder nervig sind), manche Länder der Welt geben sich jedoch besondere Mühe in der Disziplin Schönreden und Wegschauen.

Nix-Verstahn

Oft unterschätzt, aber langfristig ein verlässlicher Auslöser eines Kulturschocks: mangelnde Sprachkenntnisse. Den ganzen Tag gestikulieren, stammeln und trotzdem falsch verstanden werden, anstelle von Gebäck Obszönitäten zu bestellen, das baut Frust auf. Vor allem, wenn sich nach einigen Wochen die Inventur der eigenen Sprachkenntnisse aufdrängt: Ich kann nix, werde auch nie was können und außerdem WILL ICH AUCH GAR NICHT! Hängen geblieben zwischen Grundvokabular und Survival-Sätzen ahnt man erstmals, dass es wohl noch eine ganze Weile dauern wird, bis die von den Katalogen so gern heraufbeschworene Vision des lachenden Reisenden umringt von einheimischen Freunden wahr werden wird …

Alle Hoffnungen werden wahr

Selbst landestypische Verhaltensweisen, die man sonst durchaus schätzt, können einen an manchen Tagen schier zur Weißglut bringen: Die orientalische Gelassenheit des Taxifahrers ist weniger attraktiv, wenn man es selbst gerade so richtig eilig hat. Auch das ewige Lächeln der Thailänder ist bei eigener schlechter Laune nur schwer zu ertragen.

Für uns sehr fremd wirkende Kulturen wie die in Asien oder Afrika erweisen sich zwar als besonders zuverlässige Auslöser, aber auch in Europa ist der Besucher nicht vor einem Kulturschock gefeit. Genauso wie die Entfernung spielt auch die Zeit eine Rolle: Besonders Langzeitreisende, Austauschstudenten oder sogenannte »Expats«, also permanent im Ausland tätige Arbeitnehmer, sind davon betroffen: Ihnen fehlt die Perspektive der baldigen Heimreise, die manch einer misslichen Lage schon in der Gegenwart eine lustige Note verleihen kann.

Insgeheim sind sich die meisten Reisenden allerdings sicher: Mir passiert das natürlich nicht. Ich bin weltoffen, gelassen, global orientiert. In Wahrheit ist es genau umgekehrt: Je lauter die Beteuerungen, man selbst sei gefeit gegen den Kulturschock, desto größer die Wahrscheinlichkeit, dass er genau diesen Menschen heimsucht – und dieser ihn auch bei der zwanzigsten Reise nicht erkennt.

Experten können einen Kulturschock mit ein wenig Glück kommen hören. Bei anderen Menschen, versteht sich. Es sind der leicht angestrengte Ton in der Stimme, die Ungeduld, die wilden Gewaltphantasien, die aus dem Munde sonst so friedlicher Menschen eher ungewohnt klingen.

Wer die folgenden Gedankengänge und Verhaltensweisen bei sich selbst beobachtet, kann sicher sein: Es ist so weit.

»Man müsste einfach …« Ertappen Sie sich öfter als dreimal pro Tag bei Gedanken, die mit diesen Worten beginnen und wissen Sie endlich, wie sich die gesamten Probleme des Gastlandes auf einen Schlag lösen ließen, dann steuern Sie direkt auf den Kulturschock zu. Gerne paart sich dieser Gedanke auch mit abfälligen Äußerungen über die Bewohner des Reiselandes allgemein. ALLE Spanier sind faul, ALLE Schwe-

den sind kalt wie Hundeschnauzen und ALLE Kolumbianer sind Drogenkuriere. Deswegen sollen die auch ALLE im Gefängnis landen, ALLE diszipliniert werden und ALLE mal richtig eins auf die Mütze kriegen.

»*Der werd' ich's zeigen!*« Geradezu erzieherisch fährt der strapazierte Globetrotter der trödelnden japanischen Hausfrau im Supermarkt mit dem Einkaufswagen in die Hacken – selber schuld, wenn die hier alle so langsam sind! Andere fahren in Süditalien pädagogisch wertvoll langsam, um den rasanten Italienern mal zu demonstrieren, wie Straßenverkehr richtig funktioniert.

»*Bei uns ist das alles besser.*« Wer das Licht gesehen hat und alles besser weiß, der will diese Erkenntnis auch unbedingt weitergeben. Missionarische Vorträge über die Vorzüge der eigenen Kultur gehören unbedingt zum peinlichen Repertoire aller Kulturgeschockten.

»*Mal ein Exempel statuieren ...*« Dieses Verlangen holt sie alle irgendwann ein. Der eine gibt sich mit bösen Blicken zufrieden, der Nächste lebt seine plötzliche paranoide Note schon etwas stärker aus: »Was glotzt ihr mich so an, hä? Lust auf Ärger?«, heißt es dann schon mal. Friedlichere oder in der direkten Konfrontation unerfahrene Reisende strecken die Zunge raus oder arbeiten an einem beweglichen Mittelfinger.

»*Besser, wir bleiben unter uns.*« Der Kulturgeschockte verbringt seine Tage nur noch mit anderen Ausländern. Egal woher, Hauptsache sie sind im Kulturschock auslösenden Land nicht zu Hause. Weil da ja alle doof sind.

Gerne entwickeln Kulturgeschockte auch gleich alle Symptome auf einmal. Der Kulturschock an sich gleicht daher oft einem kulminierten Fettnäpfchen, dem Super-GAU der interkulturellen Begegnungen. Wer unter Kulturschock leidet, ist nicht selten versucht, ganz gezielt die Fettnäpfchen anzusteuern und bewusst alle Möglichkeiten auszureizen – weil alle anderen doch sowieso blöd sind!

Mit der richtigen inneren Erwartungshaltung lässt sich der Kulturschock mühelos beschleunigen. Zum Beispiel mit dem ambitionierten Ziel, allem Landestypischen immer extrem wohlwollend zu begegnen. Dies gilt natürlich auch für die kulinarischen Aspekte: »Oh wie lecker, gegrillte Kakerlaken!« Das hehre Ziel, ja immer alles richtig zu machen, alles zu mögen und bloß nicht so ein doofer Deutscher zu sein, der am Ende lieber ein Schnitzel als einen Schafshoden gegessen hätte, gehört zu den ganz großen Herausforderungen. Nicht zuletzt deshalb, weil Sie wahrscheinlich ein ganz normaler Deutscher sind, der in der Tat lieber ein Schnitzel als einen Schafshoden essen möchte. Schauen Sie den Tatsachen ins Auge! Würden Sie einen Vietnamesen zwingen, Gorgonzola zu essen? Oder darauf bestehen, dass ein Hindu das liebevoll zubereitete Rindersteak herunterwürgt?

Hat der Kulturschock erst zugeschlagen, fragt man sich: Wie um Himmels willen wird man ihn eigentlich wieder los?

Anders als die Tollwut vergeht der Kulturschock innerhalb von wenigen Tagen oder Wochen wieder von selbst und hinterlässt, wenn man sich im Verlauf der Krise nicht allzu schlimm danebenbenommen hat, nur wenig dauerhafte Schäden. Von der ersten Euphorie bis zum Höhepunkt der Krise muss der Reisende allerdings verschiedene Phasen durchlaufen, die von allerhand Peinlichkeiten begleitet werden.

In **Phase 1**, den »Flitterwochen«, wird die fremde Kultur idealisiert. Alles ist neu und spannend, das fremde Land der Himmel auf Erden – am liebsten möchte man für immer hierbleiben. So viel Neues gibt es hier zu entdecken! Wer jetzt rechtzeitig abfährt, nimmt rundum gute Eindrücke mit nach Hause. Spätestens ab Phase 2 mag man an diese Zeit gar nicht mehr gerne erinnert werden. Weil's peinlich ist, in der Retrospektive seine eigenen, schwärmerischen Worte über eine Kultur zu hören, die man dann erst einmal abgrundtief hasst.

Dann kommt der Absturz: **In Phase 2** ist die neue Kultur mit einem Mal unbeschreiblich 💣☠☹👎. Wie kommen die Einheimischen nur mit dieser minderwertigen Kultur klar? Keine Frage: Im Vergleich zur Heimat schneidet die Fremde nun erheblich schlechter ab.

Hier, im zweiten Stadium, treten verschiedene individuelle »Krankheitsverläufe« auf: Die einen werden zu **Lästermäulern**, die den ganze Tag im Café beziehungsweise abends vor Bier und Wein sitzen und laut abätzen. In Kombination mit einem nahe gelegenen Germanistik-Institut ist dies eine spannende Konstellation. Dumm ist nämlich, wenn sich die Bedienung des Cafés, in dem man gerade die Verrohung und Dummheit des gastgebenden Volkes anprangert (und zwar in der trügerischen Gewissheit, dass diese Vollidioten sowieso zu blöd sind, anständig Deutsch zu lernen, jawoll!), sich mit einem Male als fließende Deutschsprecherin outet.

Ein befreundeter Sinologe hatte solch eine erschütternde Begegnung, nachdem er am Ticketschalter des Bahnhofs von Guangzhou ob des beschissenen Services alle ihm bekannten ordinären, analen und vaginalen Schimpfwörter laut rausposaunte, nur um die Tickets mit einem perfekten, leicht hessisch angehauchten »Bitteschön, hier sinn ihre Tickets, isch wünsch inne ne gude Fahrt« aus dem Schalter gereicht zu bekommen. So ein Erlebnis kann sich als heilsames Ende eines Kulturschocks erweisen, zumindest für den Ausländer, während der einheimische Germanist im Nachhinein am Sinn und Zweck seines langen Sprachstudiums zweifelt.

Andere wiederum werden zu **Nachfragern**. Mehr noch als die Schimpfer werden sie zu Nervensägen allererster Güteklasse für die Einheimischen. Weil es ja unhöflich wäre, nicht zu antworten (fast genauso unhöflich wie dieses ewige Hinterfragen!), kann man sie weder abschütteln noch verstummen lassen. Vor allem die Adaptionisten gehören zu jenen, die ihren Gastgebern damit den letzten Nerv rauben.

Dann gibt es da noch die **Heimatliebhaber**: Petersilie auf dem Balkon züchten, für eine Tüte Erdnussflips aus Deutschland extra bis in die nächste Großstadt fahren, weil man gerüchteweise gehört hat, dass dort im Supermarkt gerade »Deutsche Wochen« sind, und die letzte Milka fast schon wie auf einem Hausaltar arrangieren – der Heimatliebhaber kann sich mit einem Mal an keinen einzigen Grund mehr erinnern, warum er jemals diesen irren Gedanken hatte, ins Ausland zu gehen. Gelingt es Heimatliebhabern nicht, vor Ausbruch des Kulturschocks ausreichend Bekannte und Freunde in der Fremde zu finden, werden sie im Studentenwohnheim mitunter vergessen. Tauchen sie nach einigen Wochen wieder aus der Versenkung auf, ist die Überraschung groß – da wohnt ja einer! Japanische Auslandsstudenten haben übrigens einen besonders ausgeprägten Hang zu dieser Variante. Sie lassen sich in der akuten Phase Sojasoße und Klopapier nach China oder Korea schicken, um bloß nicht auf lokale Produkte zurückgreifen zu müssen.

In **Phase 3** setzt die Gewöhnung ein. Vielleicht ist ja doch nicht alles so schlimm und es findet sich doch noch der eine oder andere nette Einheimische? Nahtlos geht dieses Stadium in **Phase 4** über. Na also, geht doch! Eigentlich ist es doch ganz schön hier, sagt sich der Besucher. Und sammelt schon mal Kraft für den Rückkehrschock.

Fettnapf vom Spezialisten

Fettnapf 77: Ein Seminar buchen | **Fettnapf 78:** Kein Seminar buchen | **Fettnapf 79:** Bücher lesen | **Fettnapf 80:** Keine Bücher lesen

Es gibt Menschen, die den lieben langen Tag nichts anderes tun, als ahnungslose Europäer in die Feinheiten der fremdländischen Etikette einzuweihen: Interkulturelle Trainer und Vermittler. In ihren Seminaren lernen die Teilnehmer im Schnelldurchgang die wichtigsten Regeln des zukünftigen Gast- oder Reiselandes: In Japan die Nudelsuppe schlürfen (aber nur die Nudelsuppe!), in Jordanien keine Frauen auf der Straße ansprechen, in Kuwait nicht so lange den supertollen Teppich des Gastgebers bewundern, bis man ihn geschenkt bekommt, und andere Basics, die helfen, wenigstens die erste halbe Stunde in der Fremde ohne größere Schäden zu überstehen.

Das klingt auf den ersten Blick einfach, denn das Schöne an diesen simplen Verhaltensregeln ist: Sie gehen nicht mit ideellen Werten einher. Ob man die Visitenkarte mit einer oder zwei Händen entgegennimmt, rüttelt nicht an den Grundfesten des eigenen Weltbilds. Deswegen kann man so etwas in pädagogisch wertvollen Spielchen lernen und wird auch noch mannigfaltig dafür belohnt. Hat es sich der Deutsche erst abgewöhnt, immer recht zu haben und bei Tisch laut zu schnäuzen, finden ihn die Einheimischen in den meisten Ländern ja eigentlich ganz nett.

Schwieriger wird es bei der inneren Haltung – da beißen die Trainer durchaus ab und an auf Granit. Denn auch wenn es niemand so recht wahr haben will: Man merkt es auf Dauer, wenn ein Reisender der lokalen Kultur mental von oben herab begegnet, versprochen! Mit viel Geschick versuchen die Trainer daher erst einmal, verkappte Kolonialisten von der Gleichwertigkeit aller Kulturen zu überzeugen. Mit mäßigem Erfolg: Dummerweise scheinen die eigenen Verhaltensweisen immer völlig normal, die der Fremden hingegen suspekt. Wie wenig das Selbstverständliche selbstverständlich ist, wird meist erst klar, wenn sich Menschen gänzlich ungeniert völlig anders verhalten als man selbst. Man kann hundertmal wissen, dass es völlig normal ist, wenn Frauen im arabischen Raum nicht die Hand gereicht bekommen, es fühlt sich für eine westliche Frau trotzdem irgendwie unhöflich an.

Achtung!

Letztlich geht es bei interkulturellen Schulungen eigentlich nur um eines, um den Grundsatz: Erst hinsehen und nachdenken, dann handeln. *Und nicht andersherum. Weil sich die meisten Westeuropäer damit jedoch schwertun, gibt es im Zeitalter der Globalisierung theoretisch einen unendlichen Nachschub an Seminarkunden.*

Für viele Menschen ist es aber sowieso völlig abwegig, ein interkulturelles Training zu buchen: Sie vertrauen auf ihre Instinkte. Das wird schon klappen! International gesehen stehen sie mit dieser Haltung keineswegs alleine da. Es ist nämlich so: Interkulturelle Trainings sind in Deutschland noch weitaus verbreiteter als in vielen anderen Ländern. Einem Franzosen oder Briten braucht man mit solch einem Zinnober gar nicht erst kommen, für Italiener und Spanier ist es ein geradezu verwegener Gedanke, man bräuchte im Ausland Anleitung! Immerhin hat man in der Vergangenheit ganze

Weltreiche regiert. Für Italien stimmt das übrigens nur begrenzt, wenn man nicht gerade die Römer bemüht, allerdings werden viele Italiener nicht so gerne daran erinnert, dass sie nicht zu den ganz großen Ex-Kolonialmächten gehören.

Dass sich gerade Deutsche und vielleicht noch Holländer und Skandinavier recht bereitwillig schulen lassen, lässt sich nicht nur mit einer offenen Haltung gegenüber Fremden erklären. Es ist das tiefe Bedürfnis, im Ausland nicht nur erfolgreich Geschäfte abzuschließen, sondern auch persönlich gemocht zu werden. Vor allem Adaptionisten und Gutmenschen hoffen so, bereits vor der Abfahrt vom Deutschen zum liebenswerten herkunftsfreien Internationalisten zu avancieren. Dass dieses Unterfangen meist schon am auffällig bequemen (und damit typisch deutschen) Schuhwerk scheitert, steht auf einem anderen Blatt.

Reisende aus den USA hingegen erkennt man oft an einer gewissen Selbstüberschätzung. Das vollmundige »Ich kenn mich hier aus, ich weiß wie die Leute ticken« klingt allerdings nur so lange gut, bis man merkt, dass der Erfahrungsschatz auf einem einwöchigen College-Austausch im Sommer 1988 basiert. Hier und da tappen auch Seminar-geschulte Geschäftsreisende in diese Falle: Ich habe mich ja gut vorbereitet, da brauche ich vor Ort doch kein Kindermädchen mehr …

Richtig ist: Weil man stark verallgemeinern muss, wenn man eine fremde Kultur in ein ein- oder zweitägiges Seminar presst, bleibt bei den Teilnehmern immer eine Spur Unsicherheit zurück. Dies umso mehr, wenn sich die Einheimischen einfach nicht an die Regeln halten wollen, die man doch so eifrig in der Heimat gelernt hat. Warum schaut mir der Mauretanier so intensiv in die Augen? Ist er unhöflich? Oder weiß er, dass Blickkontakt im Westen normal ist? Oder will er mir am Ende an die Wäsche, der Sittenstrolch?

Vielleicht entsteht die Ungewissheit aber auch nur dadurch, dass man im Westen Kulturräume großzügig zusammenfasst und lokale Eigenheiten schon der Einfachheit halber unter den Tisch fallen lässt?

Achtung!

Afrika wird oft über einen Kamm geschoren: Kenia, Mali, Burundi … ist doch eigentlich egal. Spätestens wenn Sie eine Kreuzfahrt am Horn von Afrika planen, wird es jedoch Zeit, sich mit den Unterschieden auseinanderzusetzen. Schließlich wollen Sie sich bei den Entführern nicht gleich ins Fettnäpfchen setzen!

Falls es finanziell nicht für ein Training reicht, dann kaufen Sie sich doch einfach ein Buch. Am besten ein Werk mit knackigem Titel, der umfassende Abhilfe verspricht: So etwas wie »Richtig verhandeln in Äthiopien« oder »Serbia in a nutshell«. Achten Sie darauf, dass es keinesfalls den Umfang von 100 Seiten übersteigt und der Autor umfassende und tiefgründige Erkenntnisse über die Kultur des Reiseziels verspricht.

Als Nächstes schrauben Sie Ihre Erwartungen herunter und setzen sich realistische Ziele wie »heil zurückkommen«. Falls Sie eine Reise auf Fünf-Sterne-Niveau planen, schmeißen Sie das Buch gleich wieder weg: Wer so viel zahlt, der braucht das doch gar nicht!

Alle anderen sollten wenigstens ihre gesunde Skepsis behalten. Es ist nämlich so: Niemand, auch nicht der versierteste Anthropologe oder älteste Einheimische, kennt alle Fettnäpfchen einer Kultur. Darum ist auf interkulturelle Ratgeber per se nur begrenzt Verlass.

Erschwerend kommt hinzu: Kulturen verändern sich. Und dies teils in einer Geschwindigkeit, die dem Besucher wie Fahrtwind entgegenweht. Ein zwanzig Jahre alter Kulturführer handelt entweder von Ländern, die es gar nicht mehr gibt (Jugoslawien, DDR, Sowjetunion, Nord-Yemen, Tschechoslowakei …) oder Regimen, die längst abgesetzt wurden (Rumänien, Bulgarien, Ungarn …) oder Ländern, die sich so verändert haben, dass man sich hier und da fragt, ob man nicht das falsche Buch im richtigen Einband erwischt hat (China, Portugal, Polen …).

Davon mal abgesehen, gibt es in allen Werken so herrliche Patzer, dass man automatisch aufschreien möchte: Schaut doch wenigstens genau hin, wo ihr abschreibt! Viel gequirlter Mist wird da verzapft, der einem hier und da regelrecht gefährlich werden kann.

Hier meine Lieblingspatzer:

Wenn Rumänen den Kopf schütteln, meinen sie »Ja«.

Fragen Sie mal einen Rumänen, was er davon hält – er wird garantiert den Kopf schütteln. Was einen dann auch nicht wirklich weiterbringt. Deswegen hier an dieser Stelle die ausdrückliche Aussage: Völliger Quatsch. Gemeint sind wohl die Bulgaren. Und auch da gibt es regionale Unterschiede …

»Wenn Sie zu einem Japaner schon eine freundschaftliche Beziehung haben, ist es Ihnen erlaubt, das ›Herr‹ wegfallen zu lassen und stattdessen ein ›san‹ an den Familiennamen anzuhängen: Aus Herrn Ishikawa wird dann Ishikawa-san.«

Wenn ich hier auf die Quelle des Zitats verzichte, dann nicht aus einer trendigen Guttenbergisierung heraus, sondern aus Mildtätigkeit. Es stammt nämlich aus einem Fettnäpfchenführer. Für alle Japan-Neulinge hier auch noch die Auflösung: -san bedeutet schlicht Herr oder Frau (es ist geschlechtsneutral) und ist keinesfalls eine intime Anrede, sondern einfach eine normale Höflichkeitsform.

Gleiches Werk empfiehlt, in den japanischen traditionellen Ryokan-Herbergen (man lasse sich vom Namen »Herberge« nicht täuschen, diese sind oft ausnehmend teuer und auf japanische Art luxuriös) »zum Essen einen Kimono anzulegen«. Im Notfall lasse sich das Gewand auch vor Ort ausleihen. Was jeden noch so zurückhaltenden Japaner lauthals zum Lachen bringen dürfte. Ein echter Kimono kostet gerne mal so viel wie ein Kleinwagen und wird sicher nicht als Freizeitkleidung getragen. Gemeint ist der Yukata, eine Art lange Wickeljacke aus Baumwolle, die es schon für einen Bruchteil des Kimono-Preises am Grabbeltisch gibt.

»Bei formellen Abendessen spricht der Gastgeber manchmal ein Abendgebet.«

Nein, wir reden hier nicht von einem fremden, extrem religiösen Land, sondern – von England. Offensichtlich haben die Engländer selbst wenig Ahnung von ihren Sitten, denn sie weigern sich beharrlich sich an diese Beschreibung zu halten.

Ebenfalls beliebt: Interkulturelle Führer zu China, auf deren Cover aber eindeutig Japaner oder Vietnamesen abgebildet sind. Was man übrigens nicht den Autoren anlasten sollte: Die sind nämlich nur für den Inhalt und selten für das Cover verantwortlich.

»Werden Sie als Frau von arabischen Männern nicht gegrüßt oder gar nicht ins Gespräch einbezogen, ist das Beweis ihrer Ehrerbietung.«

Ach so! Prima Freifahrtschein. Na da kann ich das Flugticket in den Orient ja gleich wegschmeißen. Oder hat sich da am Ende jemand ins Bockshorn jagen lassen?

»Mitbringsel wie Feuerzeuge, Damenstrumpfhosen und andere Waren, die nur schwer zu bekommen sind, werden in Afrika immer gerne genommen.«

Oha! Auf diesem Gebiet scheint Amazon Südafrika derzeit einen Lieferengpass zu haben. Anders kann man sich diese Empfehlung nicht erklären …

Achtung!

Wenn Sie nach Afrika fahren, kaufen Sie sich unbedingt ein afrikanisches Liederbuch! Nicht nur, weil man in Afrika so gerne singt und viel Wert auf Rhythmus legt – es wird Ihnen auch nichts anderes zur Vorbereitung übrig bleiben, da der deutsche Buchmarkt praktisch keine anderen Werke zu den Alltagsgebräuchen Afrikas bereithält. Sollten Sie im Laufe einer geschäftlichen Verhandlung in die unwahrscheinliche Verlegenheit kommen, Stammestänze tanzen zu müssen, sind Sie immerhin gut vorbereitet.

Nachwort

Selbstverständlich gibt es eine schier unendliche Zahl von weiteren Fettnäpfchen, die in diesem Buch keinen Platz gefunden haben. Und seien Sie sicher: Genau diese werden Ihnen auf Reisen begegnen. Versprochen. Warum also dieses Buch?

Bei allen Unterschieden sind es doch immer wieder dieselben Bereiche, in denen sich Kulturen aneinander reiben: Körper und Kleidung, Nähe und Distanz, Hierarchien und der Umgang damit, Nahrung und Tischsitten, um nur einige zu nennen. Nachdem Sie hoffentlich alle Seiten genauestens studiert haben, haben Sie nun wenigstens eine grobe Idee, wo überall Fettnäpfchen lauern könnten.

Wenn es darum geht, internationale Fehltritte in der Retrospektive zu verarbeiten, gibt es übrigens nur eine wirklich überzeugende Methode: Darüber lachen. Und es das nächste Mal besser machen, sofern der Fehltritt nicht so kapital war, dass es kein nächstes Mal mehr gibt. Falls Sie diese Situation kennen, wissen Sie nach der Lektüre des Buches immerhin: Sie stehen nicht alleine da.

Bedanken möchte ich mich bei allen Socken-plus-Sandalen-Trägern, Adaptionisten, Mitreisenden und Zufallsbekanntschaften, die mir die Vorlagen für all die netten Anekdoten lieferten, ohne es zu ahnen (und hoffentlich ohne sich wiederzuerkennen).

Heilbronn, Frühjahr 2014 *Françoise Hauser*